Der Songwriting-Workshop
von
Jürgen Alfred Klein

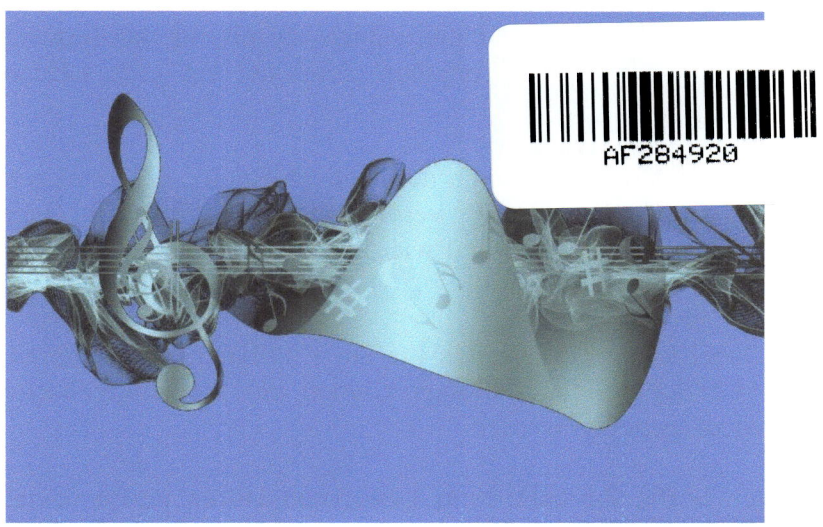

Prismproject Verlag Jürgen Klein

Vorwort

In Anlehnung an mein Buch *„Komponieren lernen – Songwriting"*, dem ich im Anhang einen ersten Praxis Workshop spendiert habe, schien es mir nur konsequent solch einen Praxis Workshop gleich auf ein ganzes Buch auszudehnen.

Neben dem ersten Song, der auch im Buch *„Komponieren lernen – Songwriting"* veröffentlicht ist, findet Ihr hier sechs weitere Songs und wie diese schrittweise entstanden sind.

Dabei könnt ihr alle Schritte auch hörbar nachvollziehen. Alle Songteile und Songs können auf meiner Webseite wiedergegeben werden.

Ich hoffe, ihr habt beim Lesen und Hören genau soviel Spaß wie ich beim Schreiben des Buches und komponieren der Songs hatte.

Saarbrücken, im Juni 2018
Jürgen Klein

Herstellung und Verlag:
BoD – Books on Demand, Norderstedt
ISBN: 978-37528-0695-3

Inhaltsverzeichnis

Der Songwriting Workshop

1. Einleitung....................................5
2. Die verwendete Software.........................9
3. Die Basis eines Songs.........................11
4. Die Ideencheckliste..........................13

Song 1

1. Rhythmus.................................21
2. Harmonie – Strophe.........................25
3. Gesang – Strophe..........................29
4. Harmonie – Refrain.........................31
5. Gesang – Refrain..........................35
6. Basis Song...............................37
7. Bass –Strophe............................41
8. Bass – Refrain............................45
9. Sound – Strophe..........................47
10. Sound – Refrain.........................49
11. Zwischenteil............................53
12. Intro und Schluss.......................57
13. Der fertige Song........................59

Song 2..................................61

Song 3..................................73

Song 4..................................85

Song 5..................................91

Song 6..99

Song 7..107

Kunst ist eine Sprache die ausspricht was man nicht aussprechen kann.

1. Einleitung

Hallo und willkommen zum Songwriting Workshop Buch. Ich möchte euch in diesem Buch an der Entstehung einiger meiner Songs teilhaben lassen. Dabei soll nicht alles nur nüchtern erklärt werden, sondern ihr sollt von der ersten Idee bis zum fertigen Song jeden Teil anhand von Hörbeispielen praktisch mit verfolgen können.

Die Hörbeispiele findet ihr auf meiner Webseite

http://www.der-songwriting-workshop.de

Ihr könnt euch den gesamten Workshop, also die Seite mit den Hörbeispielen, auch herunterladen. Den Link dazu findet ihr auf der Startseite. Entpackt nach dem herunterladen die zip-Datei und öffnet danach die Seite "Start.html". Dann könnt ihr auf eurem Computer so arbeiten wie auf der Webseite direkt.

Mein Vorgehen beim Komponieren stützt sich dabei im Wesentlichen auf die Vorgehensweise wie ich sie in meinem Buch *„Komponieren lernen – Songwriting"* beschrieben habe. Das vorliegende Songwriting-Workshop Buch ist dafür also auch Ergänzung und praktisches Anschauungsmaterial.

Es eignet sich aber auch gut dazu, einfach nur einmal praktisch zu erleben wie Songs entstehen.

Darüber hinaus verlasse ich an manchen Stellen die Bahnen wie sie im Buch *„Komponieren lernen – Songwriting"* beschrieben wurden um auch mal andersartige Vorgehensweisen beim Komponieren zu veranschaulichen.

Ich werde in diesem Buch die Theorie weitgehend außen vor lassen und nur wenn es unbedingt nötig ist dazu etwas sagen. Als „Sprache" zum Vermitteln der Arbeit beim Komponieren verwende ich hauptsächlich die herkömmliche Notenschreibweise, Akkordsymbole und Notennamen.

Ich gehe davon aus, dass der Leser weder Singen zu können braucht, noch ein Instrument spielen können muss. Deshalb wird das Komponieren hier unter zu Hilfenahme von Kompositionssoftware und Samplebibliotheken für den Gesang gezeigt.

Die Software, die ich zum Komponieren der Songs verwendet habe ist erschwinglich, das Notensatzprogramm gibt es sogar kostenlos, so dass der angehende ambitionierte Songwriter diese sich leicht beschaffen und dann auf die gleiche Weise eigene Kompositionen erstellen kann.

Ich erhebe nicht den Anspruch, dass meine Darstellungen hier - besonders was die Notenschreibweise angeht - immer akademisch korrekt sind. Aber darauf kommt es mir auch gar nicht an.

Wer komponieren lernen möchte, dem dient dieser Workshop sicherlich als nützlicher Einblick und er dürfte weitgehend dazu beitragen die Kluft zwischen Theorie und Praxis dort wo sie denn am Größten ist zu schließen.

Aus didaktischen Gründen möchte ich zunächst nochmal eine kurze Zusammenfassung der Theorie aus meinem Buch *„Komponieren lernen – Songwriting"* geben:

Das Songschreiben (Zusammenfassung)

Der Rhythmus

Der Rhythmus bildet das Fundament eines Songs, auf dem dann beim komponieren alle weiteren Songteile aufgebaut werden.

Die Akkorde

Akkorde kann man auf jedem Ton einer Dur-Tonleiter als Dreiklang aufbauen. Das harmonische Gerüst eines Songs bilden die Akkorde auf der Tonika, Subdominante und Dominante der Tonleiter, für C-Dur also die Akkorde C, F und G. Dieses Gerüst alleine reicht schon aus für die harmonische Gestaltung eines Songs, man kann es aber auch durch die anderen Akkorde der Dur-Tonleiter an beliebiger Stelle außer am Anfang und am Ende ergänzen, sowie alle Akkorde zusätzlich als Septakkord oder Akkordfärbung verwenden. Außerdem kann das parallele Moll, für C-Dur der Am Akkord, verwendet werden. Das Suchen solcher Akkordsequenzen wird durch die Verwendung einer Ideencheckliste erleichtert. Diese kann man verwenden um Sequenzen anzupassen, zu ändern, zu vergrößern, zu verkleinern, zu ersetzen, umzustellen, umzukehren oder zusammenzufassen. Die Methodik der Ideencheckliste soll darüber hinaus auch auf alle anderen Elemente eines Songs angewendet werden.

Die Melodie

Ausgehend von Melodiephrasen werden diese mit der Ideencheckliste zu einer vollständigen Melodie ausgebaut.

Für die Phrasen verwendet man den Tonvorrat der sich aus den Tönen der verwendeten Dur- und Moll-Akkorde ergibt, sowie den zusätzlichen Tönen aus den Septakkorden und den Akkordfärbungen für diese Akkorde.

Das Arrangement

Der Bass stützt die Rhythmik und fundiert die Akkordfolge. Das Keyboard untermalt den Song mit Klangteppichen. Im Intro werden auffällige Akkordwendungen, durchgehend rhythmische Figuren oder gänzlich beziehungslose Themen verwendet. Fill-Ins bilden die Überleitung von einem Songteil zum nächsten. Solistisch Einlagen eigenen sich im Zwischenteil. Der Song endet auf seinem Grundton. Der Sound eines Songs wird durch die verwendeten Instrumente und Klangfarben, und der Abmischung bestimmt, d.h die Lautstärke der einzelnen Instrumente zueinander, die Einstellung der Übertragungsfrequenz durch einen Equalizer, die Verteilung der einzelnen Instrumente und Stimmen im Stereobild und dem Raumhall des gesamten Songs.

2. Die verwendete Software

Ich benutze vor allem die folgende Software

- Magix Music Maker Premium
- Magix Soundpool DVD
- Band-In-A-Box Pro
- Muse Score 2 (Freeware)

Die Songs in diesem Workshop und die Hörbeispiele dazu sind ausschließlich unter zu Hilfenahme dieser Programme entstanden.

Muse Score 2 dient mir dabei als Notenblatt und kann darüber hinaus das Komponierte auch abspielen. Band-In-A-Box verwende ich in erster Linie um die Harmonischen Zusammenhänge eines Songs zu erarbeiten und mit dem Music Maker habe ich ein Programm das mir einerseits als „technisches Notenblatt" - als Sequenzer - beim komponieren hilft, das aber andererseits auch als Tongenerator (Instrumentenlieferant) und Tonstudio zum erstellen der fertigen Produktion dient. Im Internet findet man unter dem Begriff „Sequenzer" bzw. „DAW" ähnliche Programme wie den Music Maker die man auch kostenlos herunterladen kann.

Wem das alles für den Anfang zu kompliziert ist oder er keinesfalls Geld für die Software ausgeben möchte, dem empfehle ich zunächst lediglich mit Muse Score 2 zu arbeiten. Das Programm erlaubt es eine komplette Komposition auf Notenbasis zu erstellen und darüber hinaus den komponierten Song abzuspielen oder als mp3-

Datei zu speichern. Alles hier Gesagte und Gezeigte, außer das Hinzufügen von Gesang - lässt sich problemlos mit diesem einen Programm machen, wobei der Sound für die fertige Komposition dann natürlich nicht so toll ist, wie wenn man den Song noch mit dem Music Maker nachbearbeitet.

Die Soundpool DVD enthält Samplebibliotheken mit kleinen Musikpassagen für verschiedene Instrument und für den Gesang. Uns interessieren vor allem die meistens 1 bis 8 taktigen Gesangsphrasen mit denen wir unsere Kompositionen mit professionellen Gesangspassagen verfeinern können ohne dass wir dazu gleich Singen können müssen.

Die DVDs bis Soundpool DVD 16 dürfen auch - mit ganz wenigen Ausnahmen einzelner Stilbibliotheken - für kommerzielle Musikproduktionen verwendet werden. Einige Soundpool DVDs - z.B. Soundpool DVD 16 - enthalten darüber hinaus auch eine kostenlose Version des Music Maker – dies ist wichtig wenn ihr nur mit Muse Score 2 arbeiten wollt, denn dann lässt sich auch Gesang mit dem Music Maker hinzufügen ohne Geld für die Software, allerdings für den Soundpool selbst, ausgeben zu müssen.

Wer mit dem Gedanken spielt sich gleich ein ganzes Homestudio einzurichten und auch gerne seine Musik darin professionell produzieren möchte dem empfehle ich mein Buch „*Musikproduktion im Homestudio*".

3. Die Basis eines Songs

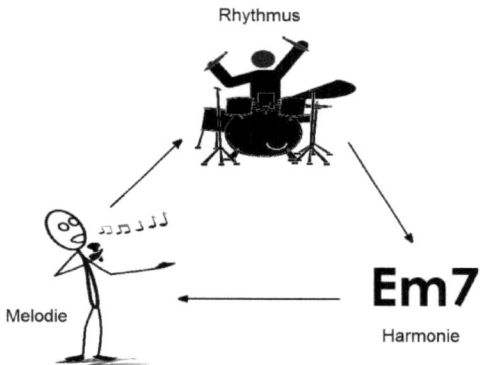

Wenn ich komponiere, dann erstelle ich nicht gleich den fertigen Song, sondern ich erstelle zuerst einmal ein Gerüst, das ich erst später zum fertigen Song ausbaue. Für das Gerüst brauche ich:

einen Rhythmus
Harmonien
die Gesangspassagen

Ich möchte hier schon betonen, dass ich auch in dieser Reihenfolge vorgehe und der nächste Schritt auf dem Vorhergehenden aufbaut. Zuerst entsteht also der Rhythmus, darauf setze ich Akkorde und zum Schluss wird der Gesang darübergelegt.

Es kommt manchmal vor, dass, wenn ich am Gesang angelangt bin, dann wieder etwas am Rhythmus korrigieren muss und die Arbeit – wenigstens teilweise - von vorne beginnt.

Steht das Gerüst im Wesentlichen kann es sein, dass ich für die „Feinjustierung" wiederum in alle drei Teile, quasi hin- und herspringend, eingreife.

Das mag sich nun zunächst komplizierter anhören, als es in Wirklichkeit ist. Das Prinzip dahinter ist einfach, dass eine Rückkopplung zwischen dem Plan und dem, wie sich das Komponierte tatsächlich anhört, stattfindet. Ich entwickele immer zuerst eine Idee, deren Umsetzung ich mir dann anhöre um zu entscheiden ob die Idee richtig oder falsch war. Andererseits kann das Gehörte auf ein anderes Verfahren hinweisen und mich so auf eine neue Idee bringen.

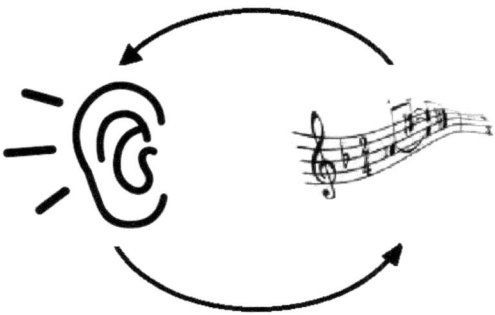

4. Die Ideenchecklist

Nun, leider bin ich kein Genie und mit wirklich riesigem Talent – verglichen mit großen Komponisten - bin ich natürlich auch nicht gesegnet. Trotzdem möchte ich gerne komponieren und nach Möglichkeit sollten sich meine Songs auch nach irgendwas anhören. Vielleicht geht es euch auch so. Wie kann man dieses Problem lösen?

Nun, komponieren, bedeutet Ideen zu haben. Und zum entwickeln von Ideen gibt es die Ideencheckliste. Die Ideencheckliste beinhaltet allgemeine Verfahren zum kreativen arbeiten. Die Verfahren sind so allgemein, dass man die Ideenchecklist nicht nur zum komponieren, sondern auch zum malen, zum schreiben, zum bildhauen und für viele andere kreative Arbeiten benutzen kann.

Auch innerhalb des Komponierens bleibt die Ideencheckliste sehr allgemein. So kann ich z.B. den ersten Punkt „Kann man etwas anders verwenden?" sehr unterschiedlich auffassen:

a. Der Bass wird als Gitarre verwendet indem er ein Solo spielt
b. Ein bekannter Rockrhythmus wird doppelt so schnell gespielt (ich verwende den Rhythmus anders)
c. Ich sample einen Presslufthammer und spiele mit dem Keyboard dieses Sample dann mit ein paar Tönen für eine Komposition ein (das Keyboard und der Presslufthammer werden anders verwendet).

Um es kurz zu machen: der Sinn der Ideenchecklist besteht darin und wirklich nur darin auf Ideen zu kommen!

Mir macht die Verwendung der Ideencheckliste einen riesigen Spaß und zwar deshalb weil sie tatsächlich funktioniert. Ich bin immer wieder überrascht wie aus einer fast mathematischen Überlegung dann richtig aufregende Musik wird. Es klappt nicht immer – o.k. – aber oft.

Lasst mich deshalb an dieser Stelle noch etwas Allgemeines zum Komponieren sagen. Es kommt nicht so sehr darauf an das alles möglichst kompliziert klingt, es kommt eher darauf an, dass es richtig klingt. Seid also mutig was die Kreativität angeht, aber vorsichtig was die Komplexität angeht. Besser ihr verwendet nur vier Akkorde für eure Harmonien und das ganze klingt gut, als siebzehn Akkorde und kein Mensch kann etwas mit eurer Komposition anfangen.

Um das Prinzip der Vorsichtigkeit umzusetzen solltet ihr immer nur Schritt für Schritt vorgehen, wobei der jeweils nächste Schritt zu dem bisherigen entweder passen muss oder er wird sofort wieder verworfen.

Das bedeutet nun aber nicht, dass der nächste Schritt auch ein bekannter Schritt sein muss. Ich möchte ja komponieren und nicht imitieren. Im Extremfall könnte das bedeuten, dass man so neuartige Schritte hinzufügt, dass man tatsächlich einen neuen Musikstil erfindet.

Doch genug der Theorie, auf der nächsten Seite findet ihr nun endlich die Ideencheckliste:

Die Ideencheckliste

Hinweis: Die Beispiele könnt ihr euch auf meiner Webseite anhören!
Die Links dazu werden in eckigen Klammern angegeben.

Kann man etwas...
- umstellen
Kann man die Sequenz umkehren, spiegeln, rückwärts spielen, in mehrere Teile zerlegen und neu zusammensetzen? Kann man den Ablauf anders gestalten?

Bsp.: Die Akkordfolge wird umgestellt
C |Am |F |G G7
C |F Am |G |C G7
[Song1 – Ideenscheckliste - umstellen]

- ersetzen
Können Teile der Sequenz durch bessere Sequenzen ersetzt werden? Kann man anderes Tonmaterial verwenden? Andere Stellungen, Positionen, Tonlagen?

Bsp.: Die Melodie im 3. Takt wurde durch eine andere ersetzt

[Song1 – Ideenscheckliste - ersetzen]

- anders verwenden
Wie kann die gefundene Sequenz noch verwendet werden?
(Einleitung als Schluss, Überleitung als Einleitung usw.)

Bsp.: Original Song, dann derselbe Song noch einmal mit anderer Verwendung der Songteile (Tx..)
Original: T1 – T2 – T3 – T2 – T4 – T5 – T3 – T2 – T4
Song 2 : T4 – T3 – T2 – T2 – T4 – T5 – T3 – T1
[Song1 – Ideenscheckliste – anders verwenden]

- anpassen

Welche Sequenzen sind der gefundenen Sequenz strukturell ähnlich? Können mehrere Sequenzen gruppiert werden? Auf welche weiteren Folgen weist die Sequenz hin?

Bsp.: Die kurzen Töne in den ersten beiden Takten deuten auf lange Töne in den letzten beiden Takten hin

[Song1 – Ideenscheckliste – anpassen]

-ändern

Kann aus der gefundenen Sequenz durch Umgestaltung eine neue Sequenz gewonnen oder die alte Sequenz verbessert werden?

Bsp.: Durch das Hinzufügen einer Bluenote wurde das Gitarren-Riff verbessert

[Song1 – Ideenscheckliste – anpassen]

- vergrößern

Mit welchen Sequenzen kann das Grundgerüst erweitert werden? Wie kann das Gerüst ergänzt, verstärkt werden? Lässt sich die Spannung weiter steigern?

Bsp.: Die Akkordsequenz C-F-G-C wird durch Einfügen der Akkorde Am, Dm, Em vergrößert auf C-F-Am-G-Dm-Em-F-G

[Song1 – Ideenscheckliste – vergrößern]

-verkleinern (wie vergrößern nur umgekehrt)

Was kann man wegnehmen? Kürzen? Abschwächen?

-umkehren

Harmonisch in dissonant, Moll in Dur, voll in dünn, usw.

Bsp.: Akustische Instrumente werden mit synthetischen Instrumenten vertauscht

[Song1 – Ideenscheckliste – umkehren]

- zusammenfassen
Lässt sich überflüssiges Tonmaterial komprimieren?

Bsp.: Die Akkordfolge |C |G7 |G9 |C7 F7 |F9 C wird
zusammengefasst zu |C |G7 |G9 |C F
[Song1 – Ideenscheckliste – zusammenfassen]

Damit hätten wir alles zusammen was man zum
Komponieren braucht.

Auf der nächsten Seite   beginne ich nun mit der
Komposition des ersten Songs. Ihr könnt die einzelnen
Schritte meiner Arbeit auf meiner Webseite mitverfolgen:
Ich gebe auch hier bei jedem Schritt den entsprechenden
Link in eckigen Klammern an.

HINWEIS: Sollte die Webseite mal nicht funktionieren –
das kann aus technischen Gründen vorübergehend schon
mal vorkommen - versucht es bitte ein paar Stunden später
oder am nächsten Tag.

Song 1

1. Rhythmus

Ausgangspunkt meiner Überlegungen zur Wahl des Rhythmus ist die Stimmung in der ich mich gerade befinde. Bin ich gut drauf, wähle ich gerne Rock, fühl ich mich dagegen nicht so, sagen wir mal euphorisch, geht's eher in Richtung Jazz. Heute entscheide ich mich für einen Rock-Rhythmus.

Für Rhythmen der verschiedensten Stilrichtungen kann man sich kleine Rhythmuskataloge kaufen. So einen habe ich auch.

Damit der Anfang nicht so schwer fällt suche ich mir gerne in einem ersten Schritt zwei Rhythmusmuster aus dem Katalog und kombiniere diese zu einem neuen Rhythmus (Ideenchecklist Punkt: zusammenfassen)
.
Versuchen wir es mit den folgenden beiden Rockrhythmen:

Basis Rock 1 [Song 1 -> Rhythmus->Basis Rock 1]

Basis Rock 2 [Song 1 -> Rhythmus->Basis Rock 2]

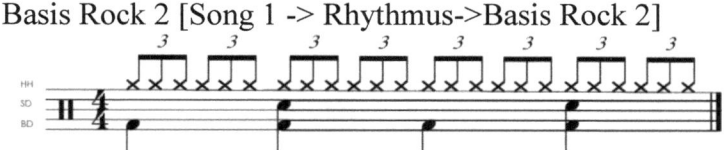

Der erste Rhythmus klingt sehr bekannt aber nach meinem Geschmack etwas langweilig, der zweite Rhythmus sehr viel flotter aber irgendwie stupide.

Das Beste aus beiden wäre meiner Meinung nach, Bass- und Snare-Drum aus dem ersten Rhythmus mit dem Triolen-Hi-Hat aus dem zweiten Rhythmus zu kombinieren. Um den Drive des Triolen-Hi-Hat noch zu steigern betone ich jeweils den ersten Schlag.

Idee 1 [Song 1 -> Rhythmus->Idee 1]

So, nun klingt der Rhythmus sowohl bekannt als auch recht flott.

Jetzt möchte ich ihn noch etwas eigenwilliger machen. Ich vertausche deshalb Bass- und Snare-Drum (Ideencheckliste Punkt: umkehren). Also Bass-Drum nur 1 Kick, Snare-Drum 2 Kicks (Teil A).

Teil A   Teil B

Dann rotiere ich noch das ganze eine Note aus dem Takt heraus, um die Bass-Drum wieder auf Platz 1 im Takt zu bringen – ansonsten klingt der Rhythmus irgendwie falsch – die Snare-Drum wandert entsprechend hinterher (Teil B).

Rotation von Teil A

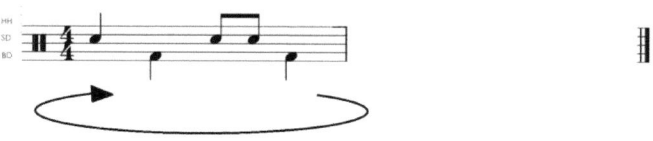

Idee 2 [Song 1 -> Rhythmus->Idee 2]

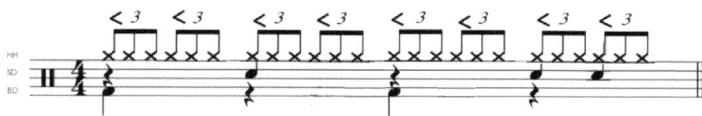

Zum Schluss möchte ich den Rhythmus noch ein wenig interessanter machen (Ideencheckliste Punkt: ändern). Dazu entferne ich die Hi-Hat-Triole über der Snare-Drum und ersetze sie durch 2-16tel mit einer Betonung auf der ersten 16tel.

Idee 3 [Song 1 -> Rhythmus->Idee 3]

Ich denke, damit ist mein Rhythmus fertig. Zum Vergleich des neuen Rhythmus mit den beiden Ausgangsrhythmen findet ihr auf der Webseite ein Hörbeispiel
[Song 1 -> Rhythmus->Vergleich]

Es werden abwechselnd die beiden Ausgangsrhythmen, mit angehängtem neuen Rhythmus gespielt.

Das technische „Notenblatt"

Äquivalent zu der Darstellung meiner Ideen in Notenschreibweise setze ich die kompositorische Arbeit anschließend dann „eins zu eins" im Music Maker in dessen MIDI-Editor, also einem Sequenzer, um.

Abb.1 Darstellung im Sequenzer

2. Harmonie (Strophe)

Für die harmonische Arbeit gehe ich zunächst von den Dreiklängen auf der Tonika, Subdominante und Dominante einer Dur Tonleiter aus (ich nutze eigentlich nur C-Dur - für andere Tonarten lasse ich alles von der Software transponieren). Diese bilden, wenn man noch den Grundton am Ende der Sequenz anhängt, ein harmonisches Gerüst:

also in Positionen (Stufen): 1-4-5-1 (oder: C-F-G-C)

Von diesem Gerüst ausgehend füge ich dann als thematische Arbeit mit der Ideenchecklist bei Bedarf weitere Akkorde der Tonleiter und/oder Akkordfärbungen der Akkorde der Tonleiter ein, wobei der erste und letzte Akkord (einer geschlossenen Sequenz) immer der Dreiklang auf dem Grundton, also C-Dur ist.

Die Dreiklänge der C-Dur Tonleiter und ihre Stufe sind
C – Dm – Em – F – G- Am – Hdim
1   2   3   4   5   6   7

Akkordfärbungen wären:

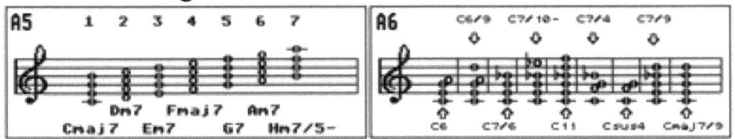

Für andere Tonarten z.B. https://www.scales-chords.com/chord/

Man muss keine weiteren Akkorde einfügen - das harmonische Gerüst allein genügt für einen harmonischen Song, will man den Song für den Hörer jedoch weniger eingängig machen kann man weitere Akkorde einfügen und will man ihn noch komplizierter machen auch Akkordfärbungen. Das ist nicht negativ aufzufassen: weniger eingängige bzw. kompliziertere Songs bleiben auch bei oftmaligem anhören häufig noch interessant, während sich eingängigere Songs schneller und besser beim Hörer einprägen.

Auch für den ganzen Song an sich habe ich ein Gerüst. Normalerweise brauche ich zumindest die beiden Teile Strophe und Refrain, wobei ich für beide schon mal jeweils 8 Takte reserviere. Eventuell nutze ich noch eine Brücke zwischen Strophe und Refrain, für die ich dann auch noch 8 Takte verbrauche. Je nachdem kann es sein, dass auch noch ein Zwischenteil und ein Solopart mit ebenfalls je 8 Takten dazukommen.

Damit ich unkompliziert sofort überprüfen kann ob sich meine Ideen bezüglich der harmonischen Gestaltung meines Songs auch etwas anhören, verwende ich Band-In-A-Box. In Band-In-A-Box tippt man einfach nur die Akkordnamen ein – also z.B. C -Am7 – F…- und kann sich anschließend das Ergebnis sofort anhören. Man kann sich alles sogar mit einer kompletten Begleitband (und in vielen verschiedenen Stilen) anhören. Damit ich allerdings nicht so sehr die eigentliche Arbeit aus den Augen verliere begnüge ich mich meistens nur mit einem einfachen Klavier (später werde ich das natürlich noch ändern…aber vorerst soll es hier genügen).

Meine erste Idee
C Am7 | F7 Em | G Am7 | C |
Takt 1 | Takt 2 | Takt 3 | Takt 4|

Für die Umsetzung habe ich einfach die Akkorde Am (in der Akkordfärbung Am7) und Em an 2./6. und 4. Stelle in das harmonische Gerüst C – F – G – C gestopft. Dabei weiß ich an dieser Stelle noch nicht ob das auch etwas klingt – es ist einfach nur eine „mathematische" Überlegung. Hören wir uns das Ergebnis an:

[Song 1 -> Harmonien Strophe->Idee 1]

Überraschung: Das hört sich – finde ich – schon ganz gut an. Ich bin mir aber nicht sicher ob das Am7 im ersten Takt dort auch wirklich hingehört. Deshalb versuche ich noch eine zweite Variante

Idee 2 [Song 1 -> Harmonien->Idee 2]

C Am | F7 Em | G Am7 | C |
Takt 1 | Takt 2 | Takt 3 | Takt 4|

Jetzt denke ich, beide Varianten sind brauchbar.

Da ich in Band-In-A-Box nicht einmal die Geschwindigkeit angepasst habe sollten wir uns die gefundene Akkordsequenz noch zusammen mit den Drums in der richtigen Geschwindigkeit anhören.

[Song 1 -> Harmonien Strophe->Harmonien mit Drums]

Ich nehme es übrigens nicht sehr genau, mit meiner Notenschreibweise oder den Akkordsymbolen. Ich möchte letztendlich ja einen Song komponieren und kein Meister im erstellen von Partituren werden oder so…

Eine kleine Randnotiz möchte ich an dieser Stelle gerne noch loswerden. Psychologen kennen einen merkwürdigen Effekt bei Kreativen und beim kreativen arbeiten: kurz nach Umsetzung seiner Idee zweifelt der Künstler plötzlich an dem, was er da gerade gemacht hat. Wenn euch das passiert und es wird euch sicher passieren, dann legt euer Werk einfach für einige Tage oder Wochen bei Seite. Wenn ihr es dann nach einiger Zeit wieder hervorholt und dann mit etwas Abstand noch einmal begutachtet sieht alles schon wieder ganz anders aus. Sehr wahrscheinlich fragt ihr euch dann sogar verwundert wie ihr eure Werk überhaupt habt können in Frage stellen. Die Lösung ist der Abstand den man manchmal einfach braucht.

Damit hätten wir bereits die Harmonien für die Strophe in unserem Song erarbeitet. Wir unterbrechen deshalb an dieser Stelle die Arbeit an der harmonischen Gestaltung um zunächst einen passenden Gesang für die Strophe zu finden.

3. Gesang (Strophe)

Wie schon eingangs erwähnt möchte ich nicht selbst singen, weil ich das auch gar nicht richtig kann. Stattdessen bediene ich mich der Samplebibliothek aus einer der Magix Soundpool DVDs. Diese kann man sich im Music Maker nach Tonarten anzeigen lassen, vor hören und mit der Maus direkt in einen Song ziehen.

Das Sample, das ich auswähle ist 8 Takte lang und reicht deshalb für die gesamte Strophe. Weil die bisher erarbeiteten Harmonien aber nur 4 Takte lang sind, werden sie einmal wiederholt.

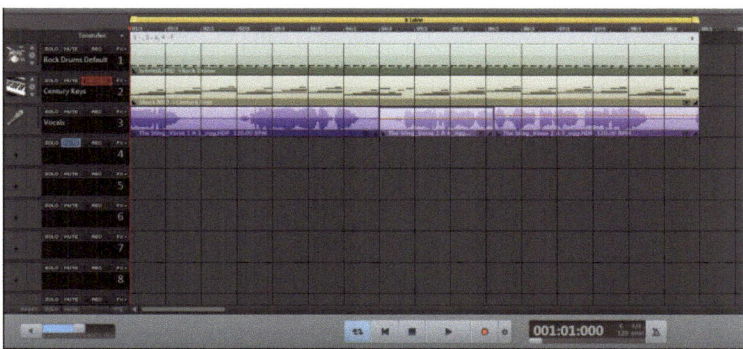

Abb. 2: Der Music Maker Arranger

Ich beginne immer damit ein C-Dur Sample einzufügen. Das hört sich dann so an:
[Song 1 -> Gesang Strophe->Idee 1]

Ich finde für die ersten 4 Takte klingt das Ergebnis ganz ordentlich, ab dem 5. Takt wird es aber irgendwie schräg. Wahrscheinlich liegt es daran, dass die Sängerin nun in einer anderen Tonart singt. Ich möchte deshalb etwas ändern, bleibe aber beim harmonischen Gerüst C – F – G – C.

Weil die Gesangs-Line vorgegeben ist, fängt der nächste Teil der Line irgendwo am Ende des 4. Taktes an. Ich füge deshalb im 4. Takt den 2. Teil des Samples in der Tonart F-Dur ein. Es hört sich so an:
[Song 1 -> Gesang Strophe->Idee 2]

Für den 4. und den Anfang des 5. Taktes klingt's nun besser. Ab dem Ende des 5. Taktes wird es aber wieder falsch. Ich nehme also noch eine Änderung vor: Ich füge das Restsample ab dem Ende des 5. Taktes in der Tonart Em ein:

```
C Am7 | F7 Em | G Am7 | C   | C Am7 | F7 Em | G Am7 | C   |
C----------------------------- F -------Em--------------------------|
```

[Song 1 -> Gesang Strophe->Idee 3]

Das war's! Die Strophe klingt nun im Gesamten richtig – aber der Übergang am Ende des 5. Taktes verläuft ein bisschen „schwach" Ich lasse das Sample in F-Dur deshalb noch ein Stück bis in den Anfang von Takt 6 laufen und beginne dort dann erst mit dem Sample in Em.

[Song 1 -> Gesang Strophe->Idee 4]

Die Strophe hätten wird damit fertig!

4. Harmonie (Refrain)

Bisher sah es im Wesentlichen so aus, als hätte ich nur Dinge übereinander geschichtet. Stimmt aber genau genommen nicht. Besonders offensichtlich wird dies beim erweitern der Strophe um den Refrain: ich muss auch Dinge nacheinander tun.

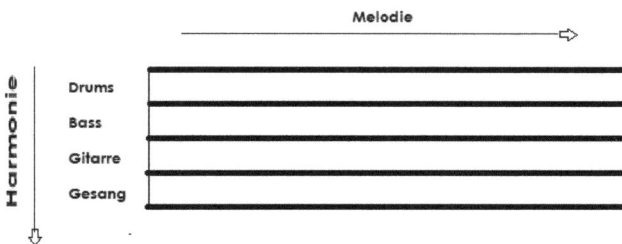

In einer „Momentaufnahme" besteht ein Song aus einer über einander Schichtung von „Stimmen" bzw. von Instrumenten. In seinem zeitlichen Abfluss dagegen aus einer aneinander Reihung, einer Kette von Harmonien und ergibt so auch die Melodie. Man kann auch sagen ein Song ist bis hierher 2-Dimensional. Das Problem dabei ist, beide Dimensionen sind abhängig voneinander. Man kann keine Harmonien an einander reihen, die nicht auch die Melodie stützen und man kann keine Melodie über Harmonien legen, welche von diesen tonal völlig abweicht - und umgekehrt. Doch dem nicht genug sind Harmonie und Melodie auch noch vom Rhythmus des Songs abhängig.

Das alles mag Musiktheoretisch nicht unbedingt wirklich korrekt sein, mir reicht diese Betrachtung eines Songs aber für meine praktische Arbeit aus.

Da außerdem alles gleichzeitig stattfindet, ich mir aber eine Komposition Schritt für Schritt erschließe brauche ich etwas, dass die Teile zusammenhält. Dies sind die „Gelenke", die Elemente in jeweils zwei Dimensionen gleichzeitig, welche die verschiedenen Teile verbinden.

Drums
- **Rhythmus**

Bass
- hauptsächlich **Rhythmus**, latent **Harmonie**

Klavier/Gitarre
- hauptsächlich **Harmonie**, latent **Melodie**, Rhythmus

Gesang
- hauptsächlich **Melodie**, latent Harmonie, Rhythmus

Wie hier schön zu sehen ist, ist das Gelenk einmal der Rhythmus, dann die Harmonie und letztlich die Melodie.

Der zweite Gelenkteil muss dabei immer zum ersten Gelenkteil passen. Deshalb ist es auch so wichtig, dass ich erst wenn dem so ist weiter arbeite und mir ansonsten etwas anderes ausdenke.

Doch genug nun der Theorie, arbeiten wir weiter an unserem Song.

Für den Refrain ist es immer gut, wenn er wesentlich eingängiger als die Strophe ist. Ich möchte deshalb für den Refrain auch weniger Akkorde verwenden.

Damit ich den Übergang von der Strophe zum Refrain finde hänge ich die neuen Akkorde in Band-In-A-Box einfach an die alten Akkorde für die Strophe an:

```
C Am7 | F7 Em | G Am7 | C      | C Am7 | F7 Em | G Am7 | C      |
C      | C9sus| F7     | G   | C      | C9sus| F7     | G      |
```

Man kann es leicht erkennen – ich hab mir nicht viel Arbeit gemacht und einfach das harmonische Gerüst durch ein paar Akkordfärbungen verändert.

Zum Abhören habe ich in Band-In-A-Box diesmal eine Gitarre genommen, weil sich der Refrain etwas „beschwingter" anhören soll (die Drums wurden bereits unterlegt).

[Song 1 -> Harmonien Refrain->Idee 3]

5. Gesang (Refrain)

Auch für den Gesang im Refrain mache ich mir kaum Arbeit und lege über die Harmonien für den Refrain einfach ein paar Gesangsphrasen in der Tonart C-Dur. Weil es davon einige mehr gibt als ich zunächst brauche und das ganze musikalisch auch noch einen Sinn ergibt – Refrain wird um so einprägsamer - verdoppele ich die Länge des Refrains einfach von 8 auf 16 Takte.

[Song 1 -> Gesang Refrain->Idee 5]

Exkurs: Eine eigene Melodie erfinden

Obwohl schon im Buch erklärt möchte ich diesen wichtigen Teil des Komponierens noch einmal aufgreifen.

Eine Melodie zu schreiben ist nicht leicht. Die Melodie enthält sozusagen Rhythmus, Harmonie und Spannungsbogen in einem. Man kann eine Melodie deshalb ganz ohne Begleitung spielen und sie bleibt doch was sie ist.

Wir wollen auch hier Schritt für Schritt vorgehen:

1. Der Tonvorrat einer Melodie

    Alle Töne einer Melodie über einem klingenden Akkord – z.B. C-Dur - ergeben sich aus den Tönen des Akkordes selbst und den zusätzlichen Tönen aus den Akkordfärbungen für diese Tonart (s. Abbildung Seite 91).

Für den C-Dur Akkord wären dies Beispielsweise die Töne: c-d-e-f-g-a-b (auch Bb) (für andere Dur Akkorde wird einfach alles transponiert).

Hört euch dazu das Beispiel am Ende meiner Webseite an:

[Song 1 -> Eine Melodie erfinden ->Tonvorrat]

Außerdem geht noch diese Variante (Bluesy): c-eb-f-gb-g-b (Bb).

2. Melodie-Phrasen

Aus dem Tonvorrat können nun irgendwelche Töne zu kleinen Melodie-Phrasen zusammengesetzt und in irgendeinem Rhythmus (passend zur Begleitung) gespielt werden (ihr könnt dafür auch einzelne Phrasen mit der Ideenchecklist weiterverarbeiten).

3. Spannungsbogen

Zum Schluss sollte man alles so Arrangieren, das es unter einem Spannungsbogen steht: auf kleine Intervalle folgen Große und auf große Intervallsprünge sollten die zwischen dem Intervall liegenden Töne folgen. Mit diesem Schritt könnt ihr auch schon vorliegende Melodie-Phrasen sozusagen „verkitten".

[Song 1 -> Eine Melodie erfinden ->Melodie-Phrasen]

6. Basis Song 1

Hören wir uns an, was bisher entstanden ist:

[Song 1 -> Basis Song->Song 1]

Es kommt an dieser Stelle weder auf die Stimmung, noch die Wirkung, noch den Reiz des Songs an. Auch nicht auf den Sound. Einzig was wichtig ist, ist, ob der Song was Rhythmus, Harmonie und Gesang angeht in sich stimmig bzw. richtig ist. Ich denke, das ist er.

Obwohl nun noch einiges zu tun ist, steht damit jetzt schon fest, dass ich an dem Basis-Song nichts mehr ändern werde - weder den Rhythmus, noch die Harmonien, noch den Gesang.

Wenn ihr einen eigenen Song schreibt, solltet ihr, wenn ihr bei eurem Basis-Song angelangt seid mit diesem unbedingt zufrieden sein. Ist dem nicht so, müsst ihr den Song überarbeiten.

In den nun kommenden Abschnitten geht es darum aus dem Basis-Song einen richtigen Rock/Pop-Song zu machen. Für die Umsetzung kommt es dabei nicht so sehr auf das „Was" an - was macht einen Rock/Pop-Song aus, sondern vielmehr auf das „Wie" - wie gestalte ich meinen Rock/Pop-Song (dasselbe gilt übrigens auch für andere populäre Stile).

Was im Folgenden musikalisch passiert ist vom Ergebnis her mit Worten schwer zu beschreiben. Ich versuche es deshalb mal in Analogie anhand des unten zu sehenden Bildes:

Das Bild, das hier zu sehen ist funktioniert – es funktioniert, obwohl es eigentlich nur aus falschen Elementen besteht.

Abb.: 3 Coverbild von einer CD

Einen Baum mit blauen Blättern gibt es nicht, das Meer strahlt in hellem Blau obwohl der Himmel bewölkt ist, der Saturn hängt irgendwie unter dem Firmament, das Cello und der Sessel gehören hier eigentlich nicht hin und wer um alles in der Welt hat an diesem magischen Strand seine Schuhe stehen lassen und warum?

Das ist die Essenz, wie man aus einem Basis-Song einen richtigen Song macht – es kommt nicht darauf an, ob die

Dinge die man zusammenfügt an sich richtig sind, es kommt darauf an ob sie zusammen funktionieren!

Da man dabei mitunter sehr viele musikalische Teile zusammenfügt ist es sehr wichtig zu wissen, dass der Hörer immer nur zwei musikalische Gedanken auf einmal wahrnehmen kann! Es ist deshalb von Vorteil nicht mehr als zwei Elemente eines Songs voneinander abzuheben, z.B. den Background rhythmisch gegen die Melodie: Ist die Melodie langsam, dann ist der Background schnell und umgekehrt.

7. Bass (Strophe)

Der Bass ist die Nahtstelle zwischen Rhythmus (Drums) und Harmonien (häufig Keyboard oder Gitarre). Dementsprechend kann er sowohl rhythmisch als auch harmonisch eingesetzt werden. Wenn man sich nur für einen Gesichtspunkt entscheidet dann wird der Bass nur rhythmisch eingesetzt.

Ich möchte zunächst damit beginnen den Bass an die Harmonien der Strophe anzupassen. Dafür stehen mir der Grundton des Akkordes und – wie ich es aus einem Lehrbuch entnommen habe - die Töne mit den Intervallen Oktave (12 Halbtöne), Quinte (7 Halbtöne) und Quarte (5 Halbtöne) vom Grundton ausgehend zur Verfügung.

Ich unterlege also jeden Akkord der Strophe mit dem Grundton des Akkordes und irgendwelchen Tönen die sich aus den obigen Intervallen vom Grundton ausgehend ergeben.

```
C  Am7 | F7 Em | G  Am7| C      |  Harmonien
C C A E | F C E E | G D A E | C C C F|  Bass (¼ Noten)
12  7    7  12   7  7   12  5      Intervalle
```

Das hört sich dann so an:

[Song 1 -> Bass Strophe->Idee 1]

Da ich alles nur „mathematisch" zusammengefügt habe, hat sich herausgestellt, dass die Quarte nur am Schluss passt. Ein Versuch sie irgendwo in der Mitte einzufügen klang schlecht.

41

Der Bass ist nur mit den viertel Noten ziemlich langweilig. In einem zweiten Schritt möchte ich ihm deshalb gerne etwas Rhythmus geben. Dabei muss man sich zunächst an den Drums orientieren, darüber hinaus aber auch am Gesang, weil dieser ebenfalls rhythmisch ist.

Durch die Intervalle Oktave, Quinte und Quarte, sowie dem Grundton, der rhythmischen „Thematik" und dem Einsatz der Ideenchecklist ergeben sich nun „eine Millionen" Möglichkeiten in der Kombination.

Ich erspare mir deshalb an dieser Stelle mal die „Zwischenschritte", also die drei bis fünf Versuche die daneben gingen und präsentiere gleich e-i-n-e-s (von vielen möglichen Ergebnissen):

[Song 1 -> Bass Strophe->Idee 2]

Man kann deutlich heraushören, dass hier sowohl harmonische als auch rhythmische Zusammenhänge eine Rolle spielen.

Das Ganze nun noch in voller „Orchestrierung":

[Song 1 -> Bass Strophe->Idee 3]

8. Bass (Refrain)

Wie schon bei der harmonischen Gestaltung durch die Verwendung der Gitarre, möchte ich den Refrain auch im Bass etwas „schneller" machen. Ich konzentriere mich also mehr auf den Rhythmus, als auf einen irgendwie gearteten harmonischen Zusammenhang. Ich verwende deshalb nur den Grundton und betone diesen indem ich ihn in Achtelnoten wiederhole.

[Song 1 -> Bass Refrain->Idee 4]

Übrigens: Um auf meine Ideen zu kommen, verwende ich immer noch die Ideenchecklist (ich gebe die Zuordnung nur nicht mehr explizit an)!

Hier: Was kann man wegnehmen? Kürzen? Abschwächen?

9.   Sound (Strophe)

Ich möchte an dieser Stelle gerne noch einmal zu den Grundsätzen meines „Schaffens" kommen.

Wenn ich mit der Arbeit an einem Song beginne weiß ich nicht wirklich wohin das führt. Ich beginne mit einem Rhythmus der mir gefällt und arbeite mich dann wie ich es hier beschrieben habe Zug um Zug vor. Wo das Endet ist mir dabei im Grunde egal (das erscheint mir, wie ich es schon einmal weiter vorne erwähnt habe auch richtig so, denn ich möchte ja komponieren und nicht etwas Bekanntes   imitieren), mir ist nur wichtig dass das Ergebnis gut klingt.

Dabei lege ich eine gewisse Bescheidenheit an den Tag. Gut klingt soll heißen, das der Song, wie auch immer geartet, schlicht und einfach als Song rüber kommt. Damit meine ich auch nur Song und kein Hit oder so. Wenn ich Hits schreiben könnte, dann würde ich mich bestimmt nicht Monate lang damit abmühen dieses Buch zu schreiben, sondern würde *wahrscheinlich von morgens bis abends die vielen bunten Scheinchen zählen die man für einen Hit häufig erhält…*

Wie wichtig es ist, das der Song „richtig" ist, merkt man sofort, wenn man seine „Werke" jemand vorspielt. Für eine „waghalsige" Komposition hat mich noch keiner kritisiert aber wehe, der Song klingt musikalisch falsch…   Also, arbeiten wir weiter um unseren Song richtig zu halten:

Wie wir uns erinnern habe ich für die Harmonien ein Klavier aus Band-In-A-Box benutzt

Kann man diese Passage mit einem neuen Sound vielleicht gleich für den Song beibehalten? Ich versuche es mal mit einem Lead-Synthesizer:

[Song 1 -> Sound-Strophe->Idee 1]

Nein, das war wohl nix. Der Synthie wummert einfach völlig unpassend im Hintergrund herum...ach, vergessen wir das und suchen nach einer anderen Lösung.

Wummern deutet doch auf eine zu tiefe Tonlage hin? Ich transponiere das ganze also einfach mal um 12 Halbtöne höher und...

[Song 1 -> Sound-Strophe->Idee 2]

...schon klingt das ganze richtig gut. Wir haben eine fröhliche Synthesizer-Line im Stile der 80er. Was erinnert jetzt noch an das unspektakuläre Klavier aus Band-In-A-Box?

Was an dieser Stelle besonders deutlich wird: nicht auf das WAS, auf das WIE kommt es an.

10. Sound (Refrain)

Was mich beim Basis-Song schnell weiter gebracht hat, führt nun in eine Sackgasse: Die Gitarren-Typisch gespielten Harmonien kann ich nicht einfach durch ein anderes Instrument ersetzen, das würde merkwürdig klingen.

Natürlich könnte ich nun die Harmonien neu einspielen aber das wäre mit Arbeit verbunden und ich bin von Natur aus eigentlich ein fauler Mensch.

Bleibt mir also nur die Flucht nach vorne - z.B. dadurch: Wie kann der Refrain ergänzt, verstärkt werden (Ideencheckliste)?

Nehm ich meine Arbeit für einen Moment mal nicht ganz so ernst und versuch einfach etwas das mir gerade so in den Kopf kommt, eigentlich aber ein bisschen Verrückt ist: man erwartet sowas nicht an dieser Stelle. Wie wär's mit ein paar Bläsereinwürfen aus der Rubrik Funk?

[Song 1 -> Sound-Refrain->Idee 3]

Was ist das Ergebnis? Der Refrain wird durch die Bläser um ein gutes Stück voller, er swingt auch ein bisschen gegen Ende und ich habe gleichzeitig eine weitere Stimme die sich von der Gesangsstimme abhebt. Damit bin ich zufrieden: verrückte Idee - brauchbares Ergebnis!

Damit wäre unser Song von den Hauptelementen her, nämlich Strophe und Refrain, fertig.

Ich möchte deshalb noch einmal inne halten und einen anderen Aspekt des Komponierens ansprechen: Es sieht ja bis hierher tatsächlich so aus, als könne man einen Song ganz einfach „mathematisch" zusammenbauen.

Wo bleibt denn aber das Talent?

Ich möchte zur Beantwortung der Frage wiederum ein Bild bemühen:

Nehmen wir ganz abstrakt an, dieses Bild gefällt den meisten Betrachtern. Dann können wir auch davon ausgehen, dass es „richtig" ist.

Ganz ähnlich wie unsere Komposition besteht das Bild aus mehreren Bausteinen: die Kacheln im Hintergrund und der gelbe Pinselstrich im Vordergrund. Wobei es für die Kacheln im Hintergrund drei Zeilen und fünf Spalten gibt.

Man kann das Übertragen auf eine Komposition und die Zeilen als Drums, Bass und Gitarre interpretieren, sowie die Spalten als je fünf hintereinandergelegte Samples in einem Takt. Der Pinselstrich wäre dann die Melodie.

Nun, da wir davon ausgegangen sind, dass das Bild „richtig" ist, können wir auch annehmen, dass es, auch mit den gleichen Kacheln aber anders zusammen gesetzt, auch „falsche" Bilder geben kann.

Der, der sich das Bild ausgedacht hat, hat also eine richtige Lösung gefunden und dafür braucht er Talent!

Mit Hilfe der Mathematischen Kombinatorik kann man nachrechnen, dass es für jede Zeile 5! Möglichkeiten gibt die fünf Farben aneinander zu reihen, das sind 120 Möglichkeiten und dass es dann für das gesamte Bild mit den drei Zeilen 120^3 Möglichkeiten, dass sind 1,73 Millionen Möglichkeiten gibt. Würde man noch die „Melodie" hinzunehmen, käme man auf eine kaum noch vorstellbare Anzahl an Möglichkeiten.

Das kann man weder planen noch ausprobieren – der Maler muss intuitiv die richtige Farbe an die richtige Stelle malen. Genauso ist das auch beim Komponieren: hier muss man den richtigen Ton an der richtigen Stelle unter einer Vielzahl von Möglichkeiten spielen. Und das ist nun wirklich das Talent, das man zum Komponieren braucht.

Das führt uns zu einem weiteren Problem.

Wenn ihr selbst komponiert und an diesem Punkt angelangt seid, kann es sein, dass ihr merkt, dass ihr hier an eure Grenzen stößt.

Keine Panik! Arbeitet ohne Groll über die größer werdende schwere der Arbeit aber mit Zuversicht beharrlich weiter.

Wenn ich eines gelernt habe in meinem kreativen Leben, dann, dass Übung den Meister macht.

Ihr werdet nach einem Jahr sehr viel besser sein als ihr es vielleicht im Moment seid und in einem nächsten noch besser. Das bemerkt ihr wahrscheinlich nicht einmal selbst, aber ihr könnt es hören. Vergleicht jedes Jahr eure neuesten Kompositionen mit denen eines Jahres davor – ihr werdet überrascht sein um wieviel besser ihr geworden seid.

Und ja - ich habe nie davon gesprochen, dass man komponieren lernt und dafür nicht auch hart arbeiten muss!

11. Zwischenteil

Der Song, so wie er bis hierhin entstanden ist, ist, wie schon gesagt, von den Hauptelementen her fertig. Er ist aber noch ziemlich kurz. Nun können wir natürlich Strophe und Refrain einige male wiederholen, das wäre aber spätestens beim dritten Durchgang für den Hörer ziemlich langweilig. Um dem abzuhelfen fügen wir, sagen wir, wenn wir Strophe und Refrain zweimal wiederholt haben, einen Zwischenteil ein. Der Zwischenteil soll sich von Strophe und Refrain abheben. Er soll demnach für musikalische Abwechslung sorgen.

Was drängt sich an dieser Stelle auf? Worauf deutet das bisher geschaffene hin?

Ich arbeite manchmal mit „Eingebungen" darüber, wie es weitergehen soll. Eine Eingebung ergibt sich umso einfacher, je weiter die Fertigstellung des Songs vorangeschritten ist. Ich arbeite also anders ausgedrückt, mit dem was vorhanden ist und entwickele es, so wie es sich aufdrängt weiter.

Der aufmerksame Leser fragt sich an dieser Stelle vielleicht, was denn nun? Einmal spricht der Autor von Bausteinen und Strukturen, Ideencheckliste und fast schon mathematischen Konstruktionsschritten beim Komponieren, dann aber wieder von Talent und Eingebungen.

Ich denke, beides ist wichtig. Sicher wird es immer wieder Genies geben, deren Talent so groß ist, dass Sie eine Komposition quasi aus dem Hut zaubern und natürlich kann man eine Komposition – auch wenn das meistens hörbar ist – am Reisbrett „entwerfen". Der Durchschnittsmensch und dazu zähle ich mich auch, wird aber weder ohne das eine, noch das andere auskommen.

Struktur und Nachdenken reduziert die Komplexität einer Komposition, Intuition bringt Leben, ich nenne es auch gerne „Herz", in den Song.

Das soll gerade aber nicht heißen, dass es nur die e i n e Methode beim komponieren gibt. Wenn ihr einen anderen Weg findet – gut so. Auch wenn der Weg wichtig ist (Spaß bei der Arbeit zu haben) kommt es beim komponieren letztlich auf das Ziel an. Wenn ihr einen guten Song gemacht habt, interessiert fast nur noch dass und nicht mehr wie er entstanden ist.

Doch zurück zur Arbeit.

Im Zwischenteil kann man den Song verstärken oder auch abschwächen. Es ist auch denkbar ein Solo im Zwischenteil zu spielen. Egal wie, muss der Zwischenteil aber im Wesentlichen zum bisherigen Song „passen".

Ich denke ich verstärke ihn etwas, weil der Song an sich noch relativ zurückhaltend ist. Das erreiche ich, wie ich denke, durch den Einsatz eines flächigen Synthesizer-Sounds den ich zusätzlich nach ein paar Takten noch mit einem anderen Synthesizer-Sound betone. Damit das Ganze zum bisherigen Song passt, lasse ich Drums und Bass einfach durchlaufen.

Ich brauche aber auch einen Übergang vom letzten Refrain zum Zwischenteil. Der Zwischenteil muss „angekündigt" werden Dazu würde schon ein Fill-In des Schlagzeuges ausreichen, man kann aber auch andere Instrumente verwenden. Ich finde die Bläser eigenen sich hierfür ziemlich gut indem sie den Refrain einfach abschließen und damit den Zwischenteil automatisch ankündigen.

[Song 1 -> Zwischenteil->Idee 1]
(Eine Strophe und Refrain, dann Zwischenteil)

Der Zwischenteil gefällt mir so ganz gut, ist nun aber seinerseits ein bisschen lang.

Ich deute deshalb noch ein kleines Solo an (Solos sind oft eine Art Frage und der musikalischen Antwort darauf).

[Song 1 -> Zwischenteil->Idee 2]
(Eine Strophe und Refrain, dann Zwischenteil)

Nun muss ich wieder aus dem Zwischenteil heraus kommen. Das bewerkstellige ich diesmal mit einem Schlagzeug Fill-In. Anstelle an dessen Ende einen Crash zu spielen, was sehr beliebt ist, lasse ich einfach eine Glocke erklingen.

[Song 1 -> Zwischenteil->Idee 3]
(Eine Strophe und Refrain, dann Zwischenteil und schließlich letzte Strophe und Refrain))

Damit ist auch der Zwischenteil fertig.

12. Intro und Schluss

Bei meiner Suche in der Samplebibliothek nach den passenden Samples für den Zwischenteil bin ich zufällig auf ein Streichersample gestoßen, dass mir sofort irgendwie als passend für den Song aufgefallen ist. Es handelt sich um ein Staccato-Streichersample. In der gleichen Sparte der Samplebibliothek finde ich noch ein weiteres Staccato-Streichersample das etwas voller gespielt wird.

Legt man diese Streicher über das Klavier aus dem Basis-Song, klingt das Ganze ziemlich gut.

Für den Zwischenteil des Songs wäre dies aber eine Abschwächung gewesen, die ich nicht wirklich wollte. Aber lässt sich dieser Part vielleicht für den Schluss des Songs verwenden?

[Song 1 -> Intro und Schluss->Idee 1 (Schluss)]
(letzter Refrain, dann Schluss)

Das funktioniert! Der Song bekommt dadurch sogar eine überraschende Wendung, weil nun aus dem Rock/Pop-Song plötzlich ein „Klassikstück" geworden ist. Man nennt dies ein relativ beziehungsloses Thema verwenden.

Genauso kann man auch beim Intro vorgehen. Neben dem beziehungslosen Thema eignen sich noch auffällige Akkordwendungen oder ein stark rhythmisch orientierte Einleitung.

Ich möchte einen Mix aus allen drei Möglichkeiten:

a. als Akkordwendung nehme ich C-F-G
b. spiele diese in einen Synthie-Sound der sonst nicht mehr im Song verwendet wird
c. und lege darüber noch ein auffälliges Hi-Hat

[Song 1 -> Intro und Schluss->Idee 2 (Intro)]

13. Der fertige Song

Bevor wir uns den fertigen Song anhören möchte ich noch einen Hinweis zum Komponieren in einem bestimmten Stil geben: Wenn Ihr z.B. einen waschechten Swing machen wollt, dann kauft oder besorgt euch Material (Bücher, DVDs, Clips im Netz usw.) darüber wie man Swing spielt und verarbeitet dieses Wissen dann mit den Methoden zum Komponieren, wie Ihr sie in meinem Buch *„Komponieren lernen – Songwriting"* findet. Herauskommen sollte dabei dann ein n-e-u-e-r Swing.

Besonders für Komponisten, die auch Musiker sind, wird dieses Vorgehen interessant sein. Der Musiker braucht nicht unbedingt einen völlig neuen Stil. Musiker legen mehr wert auf die perfekte Darbietung eines Songs um so unmittelbar den Applaus des Publikums zu erhalten, während der reine Komponist mehr wert auf die „Message" seines Songs legt – sei es nun durch die Musik selbst oder den Songtext - um diesen dann zeitlos in den Köpfen der Hörer zu „verankern".

Gut, also hören wir uns zum Schluss den fertigen Song an

[Song 1 -> Fertiger Song->"Eternal Voice"]

Song 2

Man braucht nicht unbedingt eine Art neuer Stil beim komponieren zu entwickeln. Es genügt auch, wenn man einen Song in einem typischen Stil komponiert.

Die heute vorherrschende Rock- und Popmusik ist eigentlich aus Wechselwirkungen mit andern Stilen entstanden.

Bevor wir mit der Komposition unseres zweiten Songs beginnen, wollen wir uns deshalb einmal Anschauen wie das Alles eigentlich begonnen hat:

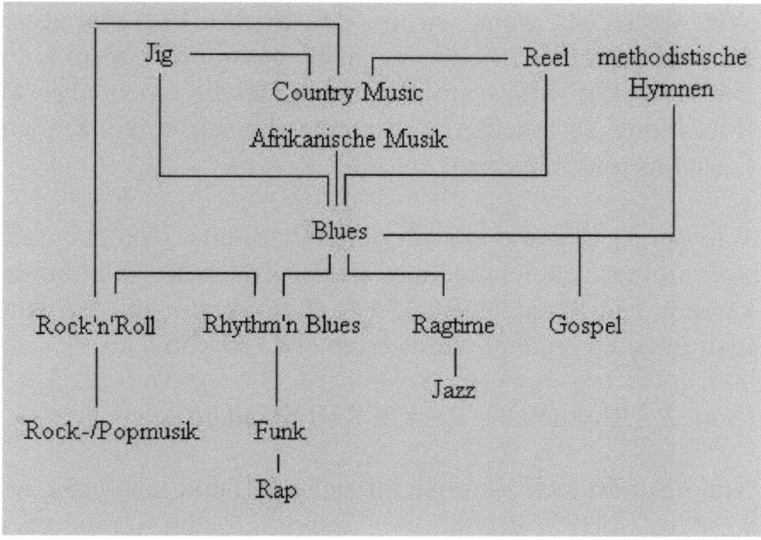

Country Music entstand also aus Jig und Reel (Volkstänze) und wurde selbst in einer Wechselwirkung mit dem

Rhythm'n Blues zum Rock'n'Roll aus dem sich schließlich die Rock- und Popmusik entwickelte.

Sowohl der Rhythm'n Blues als auch alle anderen Stile wie Gospel, Ragtime, Jazz, Funk und Rap entwickelten sich dabei zentral aus dem Blues.

Die Brücke zwischen dem Blues am Anfang und dem Rock am Ende bildet dabei der Rock'n'Roll. Zum Verständnis der heutigen Rock- und Popmusik ist der Rock'n'Roll also von zentraler Bedeutung.

Wie wär's also, wenn wir uns den Rock'n'Roll mal etwas genauer anschauen oder genauer gesagt die Strukturen eines Rock'n'Rolls, um daraus vielleicht einen eigenen Rock-Song zu machen? Ich denke ihr seit einverstanden. Lasst uns also beginnen!

Wie immer beginne ich mit dem Rhythmus. Und ebenfalls wie immer entnehme ich diesen meinem Rhythmus-katalog. Ein Standard-Rock'n'Roll Rhythmus mit ein paar Instrumenten ergänzt würde dann etwa so klingen:

[Song2 – Rhythmus – Rock'n'Roll Standard]

Nun das hört sich ziemlich altbacken an und ich denke wir werden den Rhythmus durch einen modernen Rockrhythmus ersetzen. Ich will ja keinen reinen Rock'n'Roll machen sondern wie dieser sich auch entwickelt hat zum Rock hin arbeiten. Hier also ein Rockrhythmus in ein paar Variationen:

Basis Rock Patterns in vier Variationen:

[Song2 – Rhythmus – Basis Rock Patterns]

Das harmonische Gerüst sowohl beim Blues, als auch beim Rock'n'Roll ist bereits fest vorgegeben.

Der Rock'n'Roll basiert auf dem 12-taktigen Bluesschema:

C	F	C	C
F	F	C	C
G	F	C	C

Dieses wurde dann etwas vereinfacht und zu

```
|C  |C  |C  |C  |
|F  |F  |C  |C  |
|G  |G  |C  |C  |
```

umgewandelt. Ich weiß nicht genau wieso aber vielleicht deshalb, weil der Rock'n'Roll in der Regel schneller gespielt wird als der Blues und man deshalb nicht so oft umgreifen wollte.

Dieses Schema wurde ursprünglich als Gitarren- oder Bassriffs ausgestaltet. In Büchern zum Bluesgitarre oder Rock'n'Roll lernen findet man zahllose von diesen.

Ein Beispiel wäre (Notation in A-Dur):

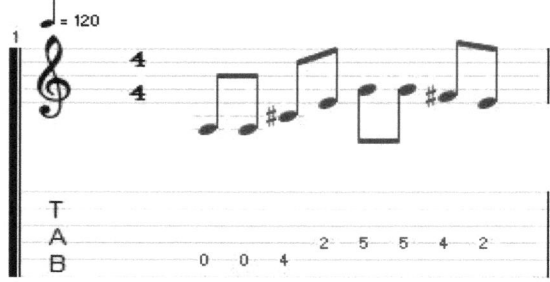

Hören wir uns das nun in C-Dur mit den ursprünglichen Rock'n'Roll Drums an:

[Song2 – Harmonien – Riff 1]

Jetzt unterlege ich das Riff noch mit den Rockdrums und spiele es gleichzeitig etwas schneller ab - den Sound der Gitarre habe ich etwas rockiger gemacht.

[Song2 – Harmonien – Riff 2]

Ganz schlecht hört sich das nicht an. Leider sind solche Riffs aber schon sehr abgegriffen. Ich möchte deshalb von diesen Standards weg. Geben wir also mal die Akkorde in Band-In-Box ein und hören uns das Rock'n'Roll Schema in einer moderneren Fassung und außerdem ohne Riff an:

[Song2 – Harmonien – Rock'n'Roll Schema]

Nun, das Rock'n'Roll Schema funktioniert offensichtlich auch ohne ein typisches Gitarren-Riff! Die Akkordfolge alleine schafft schon eine überzeugende Spannung.

Dennoch leben viele Rock-Songs z.B. von Bands wie AC/DC oder ZZ Top auch heute noch von diesen markanten Riffs. Die Riffs von AC/DC und ZZ Top sind allerdings Neu-Schöpfungen. Und an dieser Stelle wird es kompliziert.

Das erschaffen neuer Riffs ist nämlich fast genauso schwer wie das erschaffen einer eingängigen Melodie für den Gesang. Und das übersteigt eindeutig mein Talent. Wie schon vorher in diesem Buch erwähnt, denke ich zwar, dass ich komponieren kann, aber nicht, dass ich HITS komponieren kann – und ein gutes Riff, sagen wir genauer, ein sehr gutes Riff, ist schon fast ein Garant für einen Hit.

Mach ich also ein „einfaches" Riff.

Da es egal ist von was ich ausgehe und nur wichtig ist wohin es führt, bleibe ich gleich bei dem hier schon vorgestellten Riff 1. Wie kann ich die Töne aus Riff 1 anders verwenden? Eine Möglichkeit wäre ein mehrstimmiges Riff. Und das deutet dann schon gleich auf eine andere Spielweise hin: ich wechsele mit der Greifhand durch Abziehen (Pull Off) immer vom Riff-Ton zum Grundton. Hier das Ganze in sehr langsamer Notation:

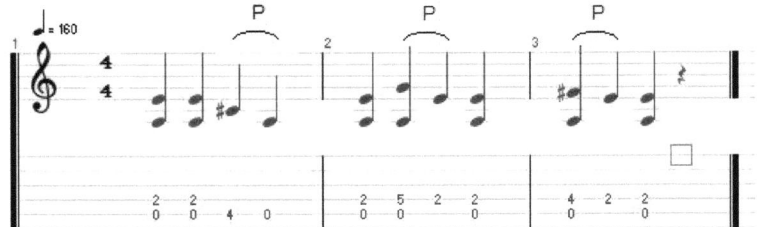

Das Harmonische Gerüst zu meinem Riff bildet das Rock'n'Roll Schema mit einer Ausleihe aus dem Blues in Takt 10. Darüber hinaus füge ich in Takt 9 und Takt 10 noch eine Moll-Terz in das Riff ein.

C	C	C	C
F	F	C	C
G	F	C	C

Obwohl ich mich normaler Weise an dieser Stelle noch nicht um den Sound kümmere möchte ich aber schon jetzt, dass das Riff ruhig richtig „schmutzig" klingt.

Hören wir uns an was entstanden ist:

[Song 2 – Harmonien – Riff 3]

Rock pur denke ich.

Um aber ganz sicher zu gehen spiele ich das Riff auch einem Bekannten vor und der meint schon nach den ersten Tönen „Rockmusik oder?"

Gut, machen wir gleich weiter und beginnen mit dem Gesang für die Strophe.

Ich suche mir einfach ein langes Sample für den Gesang, lang deshalb, damit es möglichst wenig Komplikationen gibt. Außerdem sollte es von einer Sängerin sein, damit es sich von dem harten Riff etwas abhebt.

Im Soundpool von Magix finde ich auf anhieb ein 8-taktiges Sample. Dies lege ich einfach in C-Dur über die Harmonien. Da mir nun noch 4 Takte fehlen ergänze ich den Rest mit ein paar Add-Libs in G, F und C-Dur.

Damit ist die Strophe fertig. Weil mir das Ergebnis ganz gut gefällt – und weil man in einem Rocksong, im Gegensatz zu einem Popsong, ziemlich viel Zeit hat – wiederhole ich das Ganze einmal.

[Song 2 – Gesang Strophe – Idee 1]

Auch den Refrain möchte ich vom Gesang her eher „sanft" halten, gleichzeitig aber einen Kontrast zur Strophe hinbekommen. Das bewirkt schon die Verwendung eines Sängersamples, statt einer Sängerin. Ich verwende das Sample ebenfalls in C-Dur.

[Song 2 – Gesang Refrain – Idee 2]

Der Basissong ist damit fertig. Erwähnenswert sei noch dass der Bass einfach den Grundton der Akkorde in Vierteln spielt. Hören wir uns das Ergebnis an:

[Song 2 – Basis Song – Song 2]

Durch die Verwendung des Rock'n'Roll Schemas kann ich eigentlich gar nichts falsch machen. Selbst das hinzufügen von Gesang wird, wenn man wie ich nur den Grundton benutzt, zum Kinderspiel.

Nun möchte ich noch ein paar Feinheiten hinzufügen.

Zunächst denke ich, wär ein kurzes Fill-In am Ende der Strophe angebracht. Und wenn ich schon gerade dabei bin ersetzte ich die bisher verwendeten Rock-Drums durch ein elektronisches Schlagzeug - das gibt dem Ganzen noch mehr Sound.

Auch ein kleines FX-Sample mitten in der Strophe – ein anschwellendes Geräusch - sorgt für ein bisschen Abwechslung.

[Song 2 – Sound – Idee 3]

Jetzt fehlt noch ein Zwischenteil.

Auch hierfür mache ich keine schweren Klimmzüge, sondern spiele über den Background einfach ein kleines Solo in C-Dur. Das Solo soll genauso wie die Gesangsstimmen einen „ruhigen" Eindruck machen – das Riff im Hintergrund ist schon hart genug.

Schließlich spielen wir das gesamte Stück zweimal hintereinander ab.

[Song 2 – Zwischenteil – Idee 4]

Wir brauchen noch ein Intro und ein Schluss für den Song.

Für das Intro verwende ich einfach das Gitarren-Riff und als Schluss wird der Song schlicht ausgeblendet.

[Song2 – Intro und Schluss – Idee 5]

Man könnte den Song nun so lassen, ich möchte aber noch etwas anderes ausprobieren.

Irgendwie gefällt mir der Refrain doch nicht so recht.

Nun, es ist mein Song und wer hindert mich daran ihn zu verbessern?

Ich suche ein bisschen im Soundpool herum und finde auch gleich etwas dass mir mehr zusagt. Statt der harten Männerstimme am Ende des Refrains, entscheide ich mich für das Fortführen der Frauenstimme. Das macht den Song dann sogar stimmiger.

[Song 2 – Überarbeitung/Verbesserung – Idee 6]

Fertig! Hören wir uns den kompletten Song noch einmal an:

[Song 2 – Fertiger Song – „Little Talk"]

Auch wenn der Song vom Sound her nicht perfekt ist und man vom kompositorischen her noch einiges machen könnte so habe ich doch mit ziemlich wenig Aufwand einen ganz passablen kleinen Rocksong gemacht.

Genau mit diesem Material und allen möglichen Änderungen kann man nun hunderte von Rocksongs komponieren.

Wenn du gerne selbst einen Rocksong machen willst, dann verwende zunächst diesen Song als Ausgangspunkt. Lass das harmonische Gerüst so wie es ist und verändere nacheinander Drums, Bass, Riff und schließlich Gesang. Füge dann noch ein paar Effekte und ein Solo im Zwischenteil ein und denke dir ein eigenes Intro und einen eigenen Schluss aus. Und ehe du dich versiehst hasst du deinen ersten eigenen Rocksong komponiert.

Song 3

Manchmal ist die Idee eines anderen Künstlers so gut, dass man diese gerne für einen eigenen Song nutzen möchte.

Das wurde und wird immer wieder gemacht, allerdings muss ein so entstandenes Werk eine deutliche eigene Handschrift aufweisen. Ein mir bekanntes Werk das diese Ansprüche gleich im doppelten Sinne erfüllen dürfte ist das „Rebeatles Projekt – Get Back". Auf dem Album wurden neuere Popsongs in typischen Arrangements von Beatles-Songs aufgenommen. So wird der neuere Popsong zum eigenständigen Werk, weil er in Beatles Manier arrangiert ist und der Beatles Song sowieso, weil nur sein Arrangement verwendet wurde aber ein ganz anderer Song gespielt wird. Im Urheberrecht heißt es dazu: *es muss eine persönliche geistige Schöpfung vorliegen.* Ideen an sich sind urheberrechtlich nicht geschützt, weshalb man sie auch ohne bedenken aufgreifen kann.

Für unseren dritten Song möchte ich die Idee eines anderen Künstlers auch einmal aufgreifen um daraus dann einen eigenen Song zu machen.

Der Song um den es geht heißt **Sadness** und ist von **Enigma**. Wenn möglich solltest du dir jetzt den Song besorgen um das folgende nachvollziehen zu können und zu verstehen, z.B. auf YouTube.

Die Idee von Sadness ist:

    a.) die Verwendung von Mönchs-Chören und
    b.) dies verbunden mit einem Disco-Sound.

Der Komponist hat diese beiden Teile sehr feinfühlig zu einem modernen Song zusammengefügt, der ganz besonders von der Mischung seiner Elemente lebt.

Analysieren wir Sadness also einmal genauer.

Der Song besteht ganz grob aus folgenden Teilen:

1. Chor

2. Drums

3. Drums und Chor

4. Drums und Fläche

5. Drums und Fläche und Bass und Chor

6. Drums und Fläche und Bass und Glocke/Flöte

7. Drums und Fläche und Bass und Gesang

8. Drums und Chor

9. Gitarre und Sprecher

10. Drums und Fläche und Bass und Glocke/Flöte

11. Drums und Fläche und Bass und Chor und Gesang und Glocke/Flöte

Ich möchte nun einen eigenen Song machen mit ähnlichen Teilen, also z.B. Drums mit Mönchschor, aber ganz anders gespielt, also mit anderen Rhythmen, Tönen, Harmonien und Melodien.

Wie der Originalsong beginne ich auch meinen Song mit dem Mönchschor. Ich nutze dafür einige typische Töne aus einer Bluestonleiter. Bluestonleitern verwenden Blue-Notes und ich weiß vom Synthesizer spielen her, dass diese sich für psychodelische Sounds, also auch den Chor, gut machen. Den Mönchschor habe ich mir als VST-PlugIn kostenlos aus dem Internet herunter geladen.

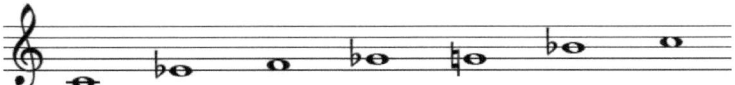

Bluestonleiter in C

Der Chorgesang (die 3. Wiederholung am Anfang hab ich weggelassen, damit das Ganze in eine Zeile passt)

[Song 3 – Intro – Idee 1]

So, nun kann ich mit dem eigentlichen Song beginnen. Wie immer suche ich mir dafür ein Schlagzeug Pattern aus meinem Rhythmus Katalog. Angelehnt an das Original soll es etwas grooviges sein:

Funk Drum-Pattern

[Song 3 – Rhythmus – Funk Pattern]

Schon gleich an dieser Stelle drängt sich mir auf, dass sich zu dem Drum Pattern ein Synthie Sound gut machen würde. Eigentlich wollte ich aber mit einem Sadness Teil weitermachen. Wenn euch sowas beim komponieren auch mal passiert, dann verwendet die Idee lieber, als sie zu verwerfen.

Man sollte sich beim Komponieren keinesfalls einem selbst aufgestellten Dogma beugen. Ich bleibe immer flexibel. Wenn sich etwas Neues ergibt, dann verwende ich es auch, gleichgültig ob mein ursprünglicher Plan dadurch geändert oder angepasst werden muss. Nur wenn es mit dem Neuen nicht weitergehen will, lass ich es dann doch lieber sein.

Tatsächlich finde ich für meine Drums unter den vielen Synthie-Samples in der Samplebibliothek auch einen passenden Synthie. Der hat sogar ein eigenes Thema und lässt sich auch noch um einen zweiten Teil erweitern so dass der Part mehr Spannung hat. Die Samples füge ich in C-Dur den Drums hinzu. Für den Chor nehme ich einfach C und C eine Oktave höher gespielt. Am Ende den letzten Takt aus dem Intro.

[Song 3 – Teil 2 – Idee 2]

Das Ganze nun noch von Anfang an:

[Song 3 – Teil 2 – Song Idee 2]

Solche Samples sind in den Soundpools von Magix ziemlich gut organisiert. Man muss nicht tausende von Samples vor hören (die Soundpools umfassen zwischen 6000 und 11000 Dateien), sondern kann sich anhand von

Stilbezeichnungen und Instrumentengattungen schon mal vororientieren. Die gesamte Samplebibliothek lässt sich auch nach bestimmten Bezeichnungen wie z.B. Fill-In, Chor usw. filtern.

Doch zurück zum eigentlichen Vorhaben.

Ich versuch es zunächst mal mit Teil 4 aus Sadness – Drums und Flächensound (Pads). Ich bleibe damit im Wesentlichen bei der gleichen „Instrumentierung" wie in Teil 2 meines Songs, wobei ich den Synthie nicht mehr berücksichtigen muss, weil er sein Ende selbst angekündigt hat (Synthie-Thema 2):

Drums + Mönchschor = Drums + Flächensound.

Der Chor wird einfach durch den Flächensound ersetzt. Aus dem markanten Mönchschor muss ich aber erst einmal sachte heraus kommen. Ich möchte deshalb gerne einen Flächensound verwenden der einen natürlichen Übergang vom Chor herbeiführt.

Was ich gefunden habe hört sich vorerst so an:

[Song 3 – Teil 3 – Idee 3]

Jetzt kann ich den Übergang noch verfeinern. Wie bei den meisten Übergängen von einem Songteil zu einem anderen Songteil ist auch immer ein Fill-In am Ende des vorhergehenden Songteils mit einem Crash auf dem ersten Ton des nachfolgenden Songteils unterstützend.

Hören wir uns alles vom Anfang her an, um den Übergang beurteilen zu können:

[Song 3 – Teil 3 – Song Idee 3]

Damit bin ich zufrieden.

Teil 5 aus Sadness überspringe ich, weil ich den Chor an dieser Stelle nicht noch einmal verwenden will. Im Gegensatz zu Sadness, wo der Chor weiterentwickelt wird, soll der Chor in meinem Song nur einen Kontrast bilden.

Ich mache stattdessen mit Teil 6 aus Sadness weiter:

Drums und Fläche und Bass und Glocke/Flöte.

Einen passenden Bass finde ich relativ leicht. Den einzigen Anspruch den ich für ihn habe ist, dass er deutlich zu hören ist, also eher ein Rock-Bass sein soll.

Erstaunlicherweise ist das gleiche bei der Glocke und der Flöte gar nicht so einfach. Alle Flöten die ich in meinem Soundpool finde passen zwar gut in ein Symphonie- orchester, aber leider überhaupt nicht zu meinem Flächensound. Das gleiche Problem hab ich bei der Glocke.

Nun es kann schon mal vorkommen, dass an einem solchen Punkt die Arbeit beendet ist. Wenn man einfach nichts Passendes zur Verfügung hat oder selbst einspielen kann, dann bleibt nur noch die Idee für den Song umzuarbeiten.

Ich mach an dieser Stelle einfach mal eine Pause und wühl mich nach einer halben Stunde noch einmal durch den Soundpool und...unerwarteter Weise finde ich, als ich es schon fast aufgeben will, doch noch eine passende Flöte. In diesem Fall eine Panflöte und ein passende Glocke gleich dazu. Puuhh, ist gerade nochmal gutgegangen!

[Song 3 – Teil 4 – Idee 4]

Und nun alles noch einmal von Anfang an:

[Song 3 – Teil 4 – Song Idee 4]

Teil 7 von Sadness ist dran: Drums und Fläche und Bass und Gesang. Ich hoffe euch ist klar, was ich hier mache. Es ist immer das Gleiche. Aus dem Original, hier also Sadness, abstrahiere ich, ähnlich einem Wissenschaftler, eine Struktur (Teil 1 bis 11 auf S.76) – das ist das Abstrakte. Dieses interpretiere ich dann beliebig und schaffe so wieder die unterschiedlichsten konkreten Songteile. Würde ich dagegen die Teile aus Sadness direkt – auch abgewandelt - verwenden, wären das nur Kopien.

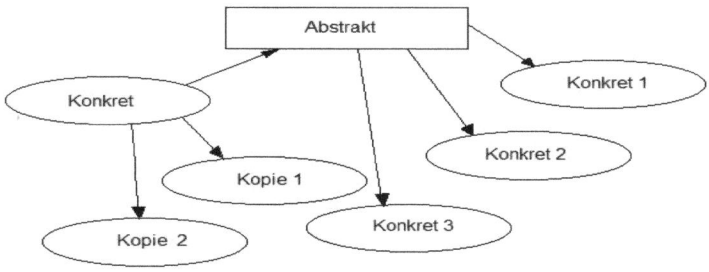

Abstrahieren vs. Kopieren

81

Für Teil 5 meines Songs (Teil 7 aus Sadness) verwende ich Teil 4 meines Songs aber ohne Flöte und Glocke und ergänze dieses mit einem Gesangspart.

[Song 3 – Teil 5 – Idee 5]

Natürlich ist das aber nur eine aus vielen Möglichkeiten. Hier eine andere Version:

[Song 3 – Teil 5 – Idee 5 b]

Auch diese Version hat die gleiche Struktur: Drums und Fläche und Bass und Gesang. Ich bräuchte mich nicht einmal auf den Gesang alleine zu beschränken – dies hab ich nur getan, weil ich das bereits Geschaffene weiterführen möchte. Auch Drums oder Fläche oder Bass oder beliebige Kombinationen daraus könnten mit anderen Parts bzw. Samples desselben Instrumentes belegt werden. Die Struktur bliebe aber immer die Gleiche.

[Song 3 – Teil 5 – Song Idee 5]

Soweit ist der Song nun fertig. Damit er aber nicht so kurz ist möchte ich Teil 4 und Teil 5 meines Songs wiederholen. Dafür muss ich aber einen Abschluss für das bisherige Ende finden. Ich halte Teil 2 aus unserem Song dafür geeignet. Weiterhin möchte ich auch gleich die Wiederholung des Songs vorbereiten. Dazu, so denke ich, muss ein krasser Kontrast her, denn der Hörer soll für einen Moment das was er bisher gehört hat vergessen um so bei der Wiederholung des Songs nicht den Eindruck von Langeweile zu erhalten. Bietet sich da nicht geradezu eine E-Gitarre wie aus Teil 9 von Sadness an? Und diese noch kombiniert mit dem Chor, das muss doch aufhorchen lassen:

[Song 3 – Teil 6 – Idee 6]

Das ist genug Kontrast.

Und wie immer alles noch einmal von Beginn an:

[Song 3 – Teil 6 – Song Idee 6]

Schließlich ist jetzt nur noch das tatsächliche Ende unseres Songs auszugestalten. Ganz einfach, denn ich brauche den Trick von eben gleich nur noch einmal anzuwenden, nämlich hinter der Wiederholung von Teil 4 und 5 (die wir uns an dieser Stelle als Hörbeispiel ersparen wollen). Daran hänge ich dann als endgültigen Schluss den Chor aus Bluesnoten vom Anfang - ich lasse allerdings das erste C weg (dies ist wichtig, weil es sich sonst nicht gut anhört).

[Song 3 – Teil 7 – Idee 7]

Der eine oder andere unserer Hörer wird sich fragen, „dass kommt mir doch irgendwie bekannt vor" und er hat dann ein kleines A-Ha Erlebnis, weil ihm klar wird, dass dies die „Melodie" vom Anfang des Songs ist.

So, damit ist unser Song fertig:

[Song 3 – Fertiger Song – „Shades Of Me"]

Wieder haben wir einen kleinen Song gemacht ohne eigentlich viel Aufwand. Natürlich lässt er sich nicht messen mit dem Ausgangssong aber das soll er auch gar nicht. Es ist einfach eine nette kleine Komposition.

Den Clou an der ganzen Sache habe ich mir aber für den Schluss aufgehoben:

Der ganze Song besteht tatsächlich nur aus einem Akkord, nämlich dem C-Dur Akkord. Keine komplizierten Harmonien, kein kompliziertes Arrangieren – dieses haben wir uns ja bei dem Ausgangssong durch dessen Struktur ausgeliehen.

Mit dem ganzen Vorgehen wollte ich zeigen, dass man kein Beethoven sein muss um einen Song zu komponieren. Es genügen auch schon einfachste Mittel um etwas Brauchbares zu erstellen.

Gerade wenn du komponieren lernen möchtest und noch gar keine Erfahrung hast, stürz dich auf solche Ideen. Es ist wirklich frustrierender einen komplizierten Song nach ein paar Tagen harter Arbeit in die Tonne treten zu müssen weil man nicht mehr weiterkommt, als mit nur wenigen Stunden Arbeit so einen einfachen Song hinzubekommen, den man dazu auch noch hören kann.

Song 4

Auch der vierte Song soll ein einfacher kleiner Song werden.

In Song drei haben wir uns lediglich um ein Arrangement aber gar nicht um eine harmonische Abfolge im Song gekümmert. Der ganze Song bestand nur aus C-Dur.

In diesem Song wollen wir das umgekehrte machen. Die Software Band-In-A-Box liefert komplette Arrangements für zahlreiche Stile, die man dann nur noch um eine harmonische Abfolge erweitern muss.

Hören wir uns so einen Stil einmal an:

[Song 4 – Stil - Idee 1]

Diesen Stil müssen wir nun im Zeitablauf durch verschieden Harmonien erweitern. Dass hört sich zunächst sehr simple an ist von der Struktur her aber ziemlich komplex.

Nehmen wir an unser Song hätte einen ersten Teil der aus 12 Takten bestünde. Nehmen wir weiter an wir belegen jeden Takt mit einem Akkord und verwenden für diesen die Tonart C-Dur mit den Grundakkorden C, F, G und Am. Für den ersten und letzten Takt reservieren wir C. Bleiben also noch 10 Takte in der Mitte. Rein mathematisch haben wir für diese dann 4^{10} Möglichkeiten Akkorde aneinander zu reihen, das sind genau 1.048.576 Möglichkeiten.

Über eine Million Möglichkeiten nur für diese vier Akkorde! Das ist alles andere als trivial.

Gehen wir vom harmonischen Gerüst C-F-G-C aus. Das ergibt dann folgendes:

[Song 4 – Harmonie - Idee 2]

Allein dieses Gerüst reicht schon völlig aus um einen Song zu machen. Wir können aber leicht zahllose Variationen erfinden:

C-G-F-C
C-G-C-F-C
C-Am-F-G7-C
usw. ....

Diese drei ersten Variationen hören sich dann so an:

[Song 4 – Harmonie – Idee 3]
(dazwischen ist jeweils eine kurze Pause)

Das letzte Beispiel gefällt mir so gut, dass ich es für meinen Song beibehalten möchte und weil der Übergang von F-G7 so schön ist wiederhole ich ihn gleich noch einmal:

C-Am-F-G7-F-G7-C

[Song 4 – Harmonie – Idee 4]

Wie ich finde eine Runde Sache. Man kann die Akkordfolge unablässig wiederholen und es hört sich dennoch immer wieder gut an.

Für einen ganzen Song ist das aber noch zu wenig. Ich denke man kann den Song mit einigen Wiederholungen verlängern. Damit das Ganze dann aber nicht langweilig wird baue ich einen kleinen Zwischenteil ein:

Dm-G-Dm-G-F-G7-C

Als Ganzes habe ich damit einen Songteil mit zwei Wiederholungen, einem Zwischenteil und einer letzten Wiederholung:

2x C-Am-F-G7-F-G7-C
1x Dm-G-Dm-G-F-G7-C
1x C-Am-F-G7-F-G7-C

Diesen gesamten Block (Songteil) wiederhole ich dann nochmals drei Mal.

[Song 4 – Harmonie – Idee 5]

Nun brauche ich Alles nur noch mit ein paar Gesangssamples aus meiner Samplebibliothek zu ergänzen.

[Song 4 – Gesang – Samples] (Pause zwischen den Samples)

Die Samples lasse ich einfach im Grundton (hier C-Dur) über den Song laufen. Das funktioniert harmonisch betrachtet fast immer. Dabei lege ich sie nicht „symmetrisch" über den Song, sondern so wie es musikalisch einen Sinn ergibt:

Gesangsabfolge:

1. Teil – 2. Teil – 3. Teil – 4. Teil – 1. Teil Anfang – 5. Teil – 4. Teil – 3. Teil

Hören wir uns den fertigen Song an:

[Song 4 – Fertiger Song – „Not Born, Not Died"]

Exkurs: Eine eigene Melodie erfinden

Für diejenigen von euch die gerne mal den klassischen Weg beim komponieren gehen möchten, also zuerst eine Melodie schreiben und dann erst den Song dazu komponieren bzw. arrangieren wollen kann ich die Software „Ludwig" empfehlen.

In Ludwig gibt man einfach eine Melodie ein, wobei man diese auch gut bearbeiten kann (Notenweises Vorhören) und lässt sich dann von dem Programm ein Arrangement dazu erstellen. Ludwig bietet hierfür verschieden Stile an.

Hier also zunächst eine Melodie:

[Song 4 – Exkurs – Melodie]

Und dazu dann noch das Arrangement:

[Song 4 – Exkurs – Band]

Ich benutze Ludwig gerne um feststellen zu können ob eine Melodie in einem bestimmten Kontext (Stil, Band usw.) etwas „leistet".

Für die eigentliche Komposition schreibe ich dann natürlich mein eigenes Arrangement – oft auch wenn es derselbe Stil ist.

Song 5

Für den 5. Song möchte ich mal wieder in etwa nach meinem Konzept aus „Komponieren lernen – Songwriting" vorgehen.

1. Strophe

Im Gegensatz zu älteren Soundpools von Magix enthalten die neueren nicht einfach nur kurze Gesangssamples, die man dann zu einer Strophe, zu einem Refrain und schließlich dem gesamten Song ausbaut, sondern der Soundpool enthält gewissermaßen die ganze Strophe, den Refrain oder auch Bridges eines schon fertigen Songs. Dementsprechend wartet der Gesang dann auch mit einer fertigen Melodie auf. Das erleichtert uns die Arbeit natürlich erheblich.

Ich möchte deshalb der Einfachheit halber auch keinen Basis-Song machen, sondern die einzelnen Songteile direkt umsetzen.

Beginnen tue ich so wie es in der Überschrift steht mit der Strophe. Zunächst brauche ich einen Rhythmus. Diesen hole ich mir direkt aus dem Soundpool:

[Song 5 – Drums – Idee 1]

Dann füge ich ein Gesangssample (in C-Dur) hinzu aber noch keine Harmonie wie normalerweise:

[Song 5 – Gesang Strophe – Idee 2]

Das Sample ist acht Takte lang, so dass es die gesamte Strophe ausfüllt ohne dass ich irgendetwas anderes tun muss.

Da jetzt noch die Harmonien fehlen muss ich zwischen Rhythmus und Gesang den Song nach und nach „ausfüllen". Ich beginne mal mit den „Löchern" zwischen den Gasangsteilen:

[Song 5 – Sound Strophe – Idee 3]

Dann füll ich diesen „Metronom-Sound" noch etwas je am Anfang und dem Ende mit einem vier Taktigen Synthysample auf. Es passt direkt in C-Dur aus dem Soundpool genommen dort gerade hin.

[Song 5 – Sound Strophe – Idee 4]

Für das Ende der Strophe und weil es etwas Abwechslung bringt füge ich noch eine Gitarre in C-Dur ein.
[Song 5 – Sound Strophe – Idee 5]

Zum Schluss möchte ich alles miteinander „verkitten". Dafür ist der Bass – ebenfalls in C-Dur - geeignet:

[Song 5 – Bass Strophe – Idee 6]

So damit wäre die Strophe schon fertig. Sollte noch etwas fehlen werde ich mich später darum kümmern.

Ich möchte euch noch einmal gerne auf die „Technik" die ich hier verwende hinweisen. Im Arranger des Music Makers ist auch visuell schön zu sehen, dass das Eine immer die „Löcher" des Anderen stopft.

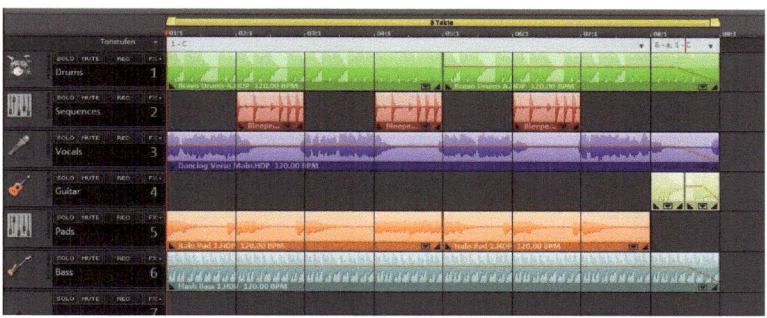

Spur Eins (grün) sind die Drums
Spur Zwei (rot)der Metronom.-Sound
Spur Drei (lila) der Gesang.
Spur Vier die Gitarre
Spur Fünf (orange) der Synthy
Spur Sechs (blau) der Bass

Durch diese Technik beherzigt man dann auch automatisch die Regel, dem Hörer eines Songs im Wesentlichen immer nur zwei musikalische Gedanken auf einmal darzubieten.

2. Brücke

Anstatt die Strophe nun zu wiederholen nehme ich ein anderes Gesangssample. Dadurch baue ich mir gleichzeitig eine Brücke zum Refrain hin. Das Arrangement bleibt so wie es ist.

[Song 5 – Brücke – Idee 7]

Alles zusammen hört sich so an:
[Song 5 – Brücke – Song A]

3. Refrain

Auch für den Refrain bleibt alles beim Alten. Über die Begleitung lege ich einfach einen eingängigen Gesang (C-Dur). Nur den Metronom-Sound entferne ich, weil er hier stört. Das war's dann schon.

[Song 5 – Refrain – Idee 8]

Und noch mal zusammenhängend:

[Song 5 – Refrain – Song B]

Der Song ist so fast fertig.

Damit er etwas länger wird können wir wie bei den anderen Songs auch einiges wiederholen. Dafür möchte ich den Hörer vorher aber wiedermal vom Thema ablenken, damit dann danach durch die Wiederholung keine Langeweile entsteht. Machen wir also einen Zwischenteil.

4. Zwischenteil

Im Zwischenteil kann man ähnliche Elemente (muss aber nicht) wie bei Intro und Schluss verwenden. Ich möchte für den Song einen stark rhythmischen Zwischenteil erstellen. Dazu lasse ich zunächst das Schlagzeug – ergänzt mit einem FX-Sample Effekt - weiterlaufen und füge etwas später noch einen sehr rhythmischen Bass hinzu. Das Ganze erweitere ich mit einem rhythmischen Synthie-Sample. Mit einem weiteren Synthie-Sample aus dem Bereich Pop führe ich den Zwischenteil nun zu einem fast eigenen kleinen Lied fort. Dies wird noch verstärkt durch das Hinzufügen eines eingängigen Männergesangs. Beendet wird der Zwischenteil durch die Gitarre, wie wir sie schon aus dem bisherigen Songmaterial kennen.

[Song 5 – Zwischenteil – Idee 9]

5. Intro und Schluss

Für das Intro verwende ich einfach einen Opener aus der Samplebibliothek, der Schluss wird ausgeblendet.

[Song 5 – Fertiger Song – „Zoom"]

Bevor wir mit dem nächsten Song beginnen, möchte ich noch einmal auf die Schattenseiten beim Komponieren zu sprechen kommen.

Ich habe in den letzten zehn Jahren mehr als 380 Songs komponiert von denen viele wirklich gute Musik geworden sind. Dennoch passiert es mir auch heute noch dass ich eine Komposition völlig vermassele.

Gründe dafür wären etwa, dass ich mich nicht an meine eigenen Regeln halte, sondern meine es müsste auch anders gehen, dass ich keine wirkliche Idee habe, mir das aber nicht eingestehen will, dass ich falsch anfange es aber nicht korrigiere oder ganz einfach, dass ich an dem Tag nicht gut drauf bin oder es „erzwingen" will trotz dass es offensichtlich nichts wird.

Wenn euch sowas irgendwann auch mal passiert, dann überlegt nicht lange rum, sondern stampft das ganze Projekt einfach ein. Ärgert euch nicht über euch selbst oder die verschwendete Zeit oder sonst etwas. Tröstet euch damit, dass Komponieren eine so komplexe Tätigkeit ist, dass man sie letztlich nicht in hundert Prozentig funktionierende Regeln fassen kann. Und deshalb ist es auch erlaubt mal völlig daneben zu liegen – sogar dann wenn man schon erfahrener ist!

,
Geh mit deiner Freundin oder deinem Freund oder deinen Freunden einen Kaffee trinken. Erfreu dich an den Sonnenstrahlen und genieße das schöne Wetter. Kein Mensch zwingt dich zum komponieren. Komponiere wenn du es willst. Und wen du es willst, dann wird es meistens auch was.

Gut, ich hoffe damit sind wir wieder angekommen und können dann mit neuer Kraft an unseren nächsten Song gehen.

Song 6

Wie wäre es, wenn wir statt unserer üblichen Rock/Pop-Songs mal einen Instrumental-Song, sagen wir mit klassischen Instrumenten komponieren?

Die Magix Samplebibliothek beinhaltet eine Sparte die dort als „Movie", also Filmmusik, bezeichnet wird. Und diese beinhaltet viele Samples mit klassischen Instrumenten. Damit lässt sich dann unser Instrumental Song machen.

Ebenso weit entfernt wie der klassische Song von unserer Rock- und Popmusik ist, möchte ich auch den Weg der dort hinführt weit weg von unserer bisherigen Arbeitsweise wählen. Um auf Ideen für den Song und die einzelnen Songabschnitte zu kommen schlage ich vor, dass wir von einer kleinen selbsterdachten Geschichte ausgehen und versuchen diese zu vertonen.

Die Geschichte soll dabei nur als Ideenlieferant herhalten. Das was dann musikalisch entsteht braucht nicht wirklich die zugrundeliegende Geschichte zu beschreiben. Und schon gar nicht braucht ein Hörer des Songs die Geschichte dahinter zu erraten. Er muss nicht einmal wissen, dass es eine Geschichte war, die den Song inspiriert hat.

Obwohl diese Vorgehensweise sich stark von den bisherigen unterscheidet behalte ich mir doch immer auch meine altbewährten Techniken vor um diese bei Bedarf anzuwenden oder wenigstens als „Katalysator" einzusetzen.

Beginnen wir also mit der kleinen Geschichte, ich nenne sie „Nemesis":

Nemesis

1. Marys Hütte neben dem Wald (und die Ihrer Kinder)
2. Die Geister befallen die Affen und vergiften ihren Geist
3. Die Affen gehen los
4. Die Affen kommen bei Mary an
5. Mary spricht mit ihren Kindern um Mitternacht
6. Feueralarm
7. Marys Kinder summen ängstlich ein Lied
8. Die Hütte brennt nieder
9. Die Affen schleichen weg
10. Der Morgen bricht heran
11. Die Kinder fragen ob Mary und sie zu den Affen gehen
12. Mary und Ihre Kinder gehen los
13. Mary und Ihre Kinder kommen bei den Affen an.
14. Um Mitternacht reden die Affen noch miteinander
15. Feueralarm
16. Mary und ihre Kinder gehen nach Hause

So, damit hätten wir eine Menge Stoff, den man vertonen kann. Arbeiten wir uns einfach von vorne nach hinten durch:

Teil 1 - Marys Hütte neben dem Wald (und die Ihrer Kinder)

Ich stelle mir einfach ein friedliches Bild vor: die Hütte neben dem Wald in der Sonne und vielleicht spielen die Kinder   fangen während Mary gerade die Wäsche aufhängt. Dafür denke ich wäre ein langsamer, hoher Klang geeignet und mit wenigen Instrumenten gespielt.

[Song 6 – Teil 1 – Idee 1]

Teil 2 - Die Geister befallen die Affen und vergiften ihren Geist

Hier brauche ich schon eine erste Spannung, zunächst für die Geister welche die Affen befallen und dann noch dafür, dass sie ihren Geist vergiften.

[Song 6 – Teil 2 – Idee 2]

Das dramatische Klavier kündigt an, dass etwas Unheilvolles in der Luft liegt und beschreibt darüber hinaus auch noch den Befall der Affen mit den Geistern (die Glöckchen aus Teil 1 laufen weiter um den Bezug zu „der Hütte" beizubehalten).

Diese Dramaturgie steigere ich dann noch mit einem bedrohlich wirkenden Cellosample - man kann förmlich die säbelrasselnden Affen vor sich sehen. Und überhaupt ist die Umsetzung der Geschichte in Musik besonders leicht, wenn man sich alles als Film vorstellt.

Damit der Zusammenhang besser klar wird stelle ich hier noch und nach jedem weiteren Teil ein Hörbeispiel des Songs von Anfang an bereit (in den folgenden Teilen ohne dies weiter anzukündigen).

[Song 6 – Teil 2 – Song A]

Teil 3 - Die Affen gehen los

Durch einen Gong eingeleitet soll das Cello alleine gespielt die von Aggression begleitete Reise der Affen vor Augen halten.

[Song 6 – Teil 3 – Idee 3]

[Song 6 – Teil 3 – Song B]

Teil 4 - Die Affen kommen bei Mary an

Ich möchte hier wieder die Hütte neben dem Wald darbieten indem ich noch einmal Teil 1 benutze. Gleichzeitig sollen die Bläser, die ich darüber lege eine gewisse Spannung auch in dieser Situation halten. Dazu noch ein paar Strings die andeuten sollen: man weiß noch nicht genau was passieren wird.

[Song 6 – Teil 4 – Idee 4]

[Song 6 – Teil 4 – Song C]

Teil 5 - Mary spricht mit ihren Kindern um Mitternacht

Mary weiß noch nicht dass die Affen draußen vor der Tür sind. Wie jeden Abend spricht sie mit ihren Kindern und erzählt ihnen Geschichten ihrer Vorfahren. In denen kommen auch die Affen immer wieder vor und wie gefährlich sie seine können.

Musikalisch möchte ich hier gut mit böse verbinden. Dazu nutze ich den vorherigen Teil und füge noch eine dumpfe Trommel die das kommende Böse andeutet soll und fröhlich aber spannende Strings für die noch gute Situation hinzu. Das Gespräch mit den Kindern soll durch den Chor angedeutet werden.

[Song 6 – Teil 5 – Idee 5]

[Song 6 – Teil 5 – Song D]

Teil 6 – Feueralarm

Höchste Gefahr – Marys kleines Zuhause brennt lichterloh. Die Affen schauen aus sicherer Entfernung zu.

Das Brennen der Hütte muss natürlich sehr gefährlich klingen. Dafür verwende ich dramatisch klingende Trommeln mit ebenso dramatisch klingenden Streichern. Das genügt schon. Die Situation wird wohl von jedem Hörer als brandgefährlich wahrgenommen.

[Song 6 – Teil 6 – Idee 6]
[Song 6 – Teil 6 – Song E]

Teil 7 - Marys Kinder summen ängstlich ein Lied

Hier möchte ich eine irre Stimmung schaffen. Das ängstliche Singen der Kinder soll durch extrem viel Hall auf der Flöte und den Glöckchen verdeutlicht werden.

[Song 6 – Teil 7 – Idee 7]
[Song 6 – Teil 7 – Song F]

Teil 8 – Die Hütte brennt nieder

Auch dieser Teil soll gefährlich diesmal aber unabwendbar klingen. Ich nutze hier nur das Cello mit den Pauken aus dem sechsten Teil aber ohne die dramatischen Trommeln.

[Song 6 – Teil 8 – Idee 8]
[Song 6 – Teil 8 – Song G]

Teil 9 – Die Affen schleichen weg.

Auch das soll noch dramatisch aber hier auch unabwendbar klingen.

[Song 6 – Teil 9 – Idee 9]
[Song 6 – Teil 9 – Song H]

Teil 10 bis Teil 15

Für diese Teile wiederhole ich Teil 1 bis Teil 6. Der Zuhörer wird sich in diesen Teilen auf die Seite von Mary geschlagen haben, so dass das was vorher als gefährlich wahrgenommen wurde jetzt als gerechtfertigter Angriff gegen die Affen interpretiert wird.

Teil 10 - Der Morgen bricht heran (Teil1)
Teil 11 - Die Kinder fragen ob Mary und sie zu den Affen gehen (Teil 2)
Teil 12 - Mary und Ihre Kinder gehen los (Teil 3)
Teil 13 - Mary und Ihre Kinder kommen bei den Affen an (Teil 4).
Teil 14 - Um Mitternacht reden die Affen noch miteinander (Teil 5)
Teil 15 – Feueralarm (Teil 6)

Teil 16 - Mary und ihre Kinder gehen nach Hause

Die Rückreise von Mary und ihren Kinder bleibt bedrohlich. Der Zuhörer soll spüren dass nun zwar die Geschichte beendet ist, aber nichts mehr so ist wie es einmal war.

[Song 6 – Teil 16 – Idee 10]
[Song 6 – Fertiger Song – „Nemesis"]

Song 7

Machen wir zum Abschluss noch eine Funk – erstens, weil mir rhythmische Musik sehr gut gefällt und zweitens weil ich euch – hoffentlich - gut gelaunt aus diesem Workshop entlassen möchte.

Ausgangspunkt ist wiedermal ein Soundpool von Magix. Für diesen Song verwende ich einen speziellen Funksoundpool weshalb auch schon vieles wie z.B. die Gesangsmelodie in großen Teilen vorgegeben ist. Das erleichtert uns natürlich wieder einmal die Arbeit sehr. In den älteren Soundpools war das nicht so. Dort musste man den Gesang oft Takt für Takt oder sogar Note für Note zusammen bauen.

Bevor ich mit der Arbeit an unserem Funk beginne kläre ich zunächst was man vorher schon klären kann. Das wäre zum einen die Tonart. Magix organisiert seine Soundpools in der Regel in C-Dur. Da dies auch die Tonart für den vorgegebenen Gesang ist, kann ich jetzt schon festlegen in welcher Tonart dass was ich hin zu fügen will gespielt werden soll. Ich entscheide mich für Am, die parallele Molltonart zu C-Dur. Also: alles was ich dem Song im Folgenden hinzufügen werde, werde ich in Am zufügen. Desweitern entnehme ich dem Soundpool, dass die Gesangssamples mit 110 BPM abgespielt werden. Daraus folgt, dass auch alles was zugefügt wird in 110 BMP abgespielt wird.

Der Song gliedert sich im Ganzen in 4 Teile (durch den Gesang vorgegeben). Für diese möchte ich nicht die Begriffe Strophe, Refrain usw. benutzen, sondern diesmal einfach Teil 1, Teil 2 usw. Das kann erleichternd auf die

Arbeit wirken statt krampfhaft die einzelnen Teile der klassischen Aufteilung zuzuordnen.

1. Rhythmus (Teil 1)

Für den Rhythmus habe ich drei Möglichkeiten:

   a.) ich erfinde ihn selbst
   b.) ich nehme ein Drumsample aus dem Soundpool
   c.) oder ich entnehme ihn einem Rhythmuskatalog

Statt einem Rhythmuskatalog kann man auch Band-In-A-Box bemühen. Man sucht sich einfach einen passenden Style (hier wäre es ein Funkstyle) und verwendet von diesem nur die Drums.

Diesen Weg möchte ich auch für diesen Song gehen. Ich übernehme dabei aber nicht nur die Drums aus Band-In-A-Box sondern gleich noch den Bass mit dazu.

Der gewählte Rhythmus hört sich dann so an:

[Song 7 – Teil 1 – Rhythmus]

2. Harmonien (Teil 1)

Hierfür verwende ich, nachdem ich mir das so vorher überlegt habe, ein Gitarrensample aus dem Funksoundpool. Das Sample füge ich in Am Drums und Bass hinzu. Die Akkordwechsel im Sample sind schon vorgegeben.

[Song 7 – Teil 1 – Harmonien]

3. Gesang (Teil 1)

Wie schon angedeutet sind in unserem Funksoundpool die Gesangsteile schon fertig vorgegeben. Es handelt sich dabei um vier Teile:

Strophe A
Strophe B
Brücke
Refrain

Ich füge diese dann einfach in der beschrifteten Reihenfolge dem Song zu.

Da ich in diesem ersten Teil nicht alles genauso übernehmen will wie es vorgegeben ist suche ich mir für die Brücke einen Gesangsteil aus einem anderen Soundpool.

In der Reihenfolge von oben hört sich das dann so an:

[Song 7 – Teil 1 – Gesang A] (Strophe A)
[Song 7 – Teil 1 – Gesang B] (Strophe B)
[Song 7 – Teil 1 – Gesang C] (Brücke)
[Song 7 – Teil 1 – Gesang D] (Refrain)

Richtig wirken tut das Ganze aber erst im Zusammenhang:

[Song 7 – Teil 1 – Gesang T1]

4. Arrangement (Teil 1)

Jetzt muss der Song noch vervollständigt werden.

Beginnen wir mit einer gestoppten/gedämpften Gitarre über Gesang A und Gesang B.

Die Gitarre soll den Gesang ein wenig unterstützen. Ohne diese Verstärkung würde der Gesang alleine ein bisschen verloren in dem Song hängen.

[Song 7 – Teil 1 – Arrangement 1]

Den Gesang C untermalen wir mit einem Synthie-Geklingel.

Das Geklingel soll die Harmonien des Songs etwas deutlicher hervorbringen.

[Song 7 – Teil 1 – Arrangement 2]

Gesang C des Songs spendieren wir außerdem noch einige Frauen Adlibs. Diese sollen etwas Abwechslung in den Ausdruck des Gesangs bringen.

[Song 7 – Teil 1 – Arrangement 3]

Gesang D, also den Refrain, möchte ich besonders Funky machen. Was wäre dafür besser geeignet als ein Bläsersatz.

[Song 7 – Teil 1 – Arrangement 4]

Zusätzlich erhält dieser Teil noch einen dezenten Synthie Teppich. Dieser ist so dezent, dass er bewusst kaum noch wahrzunehmen ist.

[Song 7 – Teil 1 – Arrangement 5]

Und am Ende nochmal alles zusammen:

[Song 7 – Teil 1 – Arrangement T1]

Teil 2

Teil 2 ist im Grunde dasselbe wie Teil 1. In den Gesangsteilen Gesang A und Gesang B wird lediglich ein anderer Text gesungen. Die Brücke, also Gesang C ist das Original aus dem Funksoundpool - wir erinnern uns, ich hatte dieses in Teil 1 durch einen Gesangspart aus einem anderen Soundpool ersetzt. Der Refrain wird ebenfalls eins zu eins übernommen.

Auch das Arrangement ist das Gleiche wie in Teil 1.

[Song 7 – Teil 2 – Gesang T2]

Teil 3 (Zwischenteil)

Im sich nun anschließenden Zwischenteil verwenden wir weiter Drums, Bass und Gitarre aus den vorherigen Teilen. Diese ergänzen wir dann noch mit einem Rhodes Piano – die Akkordwechsel sind schon vorgegeben. Das Piano macht diese Passage wesentlich ruhiger und schafft so Abwechslung.

[Song 7 – Teil 3 – Arrangement]

Den Gesang entnehmen wir wieder direkt dem Funksoundpool.

[Song 7 – Teil 3 – Gesang]

Teil 4 (Schluss)

Wir lassen den Song, nachdem wir dreimal hintereinander
den Refrain gespielt haben, einfach ausklingen. Die
dreifache Wiederholung ist am Schluss angebracht. Man
kann davon ausgehen, dass der Song zu ende ist, bevor er
dem Hörer langweilig werden kann (weil der Song zu ende
geht, kann nichts mehr kommen was dem Hörer langweile
verursacht).

Hören wir uns den fertigen Song an:

[Song 7 – Fertiger Song – „Planet Love"]

Epilog

Was ich versucht habe in diesem Workshop klar zu machen ist, dass man sich beim Komponieren schrittweise vorarbeitet. Man gelangt vom einzelnen Teil zum Komplexen, dem fertigen Song. Komponieren ist dem nach eine Synthese – also das Gegenteil einer Analyse.

Ob man dafür nun Note für Note (Ton für Ton) oder Sample für Sample zusammenfügt ist Geschmackssache. Selbst bei der Arbeit mit Samples lässt sich die Komplexität einer Komposition nur unmerklich reduzieren. Allerdings wird es wohl einfacher sein, auf jeden Fall wird man aber mit Samples schneller einen Song fertig komponieren können.

Das Komponieren ist ein lateinisches Wort und heißt übersetzt zusammensetzen, zusammenstellen. Ein Komponist tut also etwas. Er philosophiert nicht, er analysiert nicht, er denkt nicht ewig nach, er macht etwas: nämlich musikalische Teile zusammensetzen. Das ist komponieren.

Was dabei entsteht, der fertige Song, ist weit mehr als die Summe seiner Teile. Er ergibt sich als Eindruck beim Hörer durch die Wahrnehmung eines komplexen Ganzen.

Nun, dass das Komponieren in sehr unterschiedlicher Weise vonstatten gehen kann, das wurde in diesem Workshop wohl auch klar. Dass es aber so viele Arten gibt ans Komponieren heranzugehen soll letztlich ein Vorteil und kein Nachteil sein – jeder der komponieren lernen möchte kann früher oder später seine eigene Weise entdecken.

Was hier in diesem Workshop vorgestellt wurde ist demnach Anreiz, Grundlage, einige Seiten von vielen des Ganzen. Komponieren heißt auch den Stoff zu finden, ihn durchzukneten, zu verfluchen und doch wieder zu streicheln, ihn in die Tonne zu treten aber auch wieder hervorzuholen. Komponieren ist anstrengend. Das heißt nun nicht, dass komponieren keinen Spaß macht. Ein Sportler strengt sich auch an, wenn er trainiert, dennoch macht ihm sein Sport spaß.

Und was gibt es schöneres als das Ergebnis beim Komponieren, den fertigen Song? Der ist nicht weniger als für die Ewigkeit gemacht. Auch in 10, 50, 100 oder sogar 1000 Jahren, lässt er sich noch abspielen. Gemessen an dem bisschen Aufwand den man dafür betreiben musste ist das doch ein lohnender Ausblick.

Lesern dieses Workshops die komponieren lernen wollen empfehle ich mein gleichnamiges Buch „Komponieren lernen – Songwriting". In dem Buch findet man dann auch das theoretische Fundament auf dem Kompositionen wie diese hier im Songwriting-Workshop aufgebaut sind.

Ich hoffe ihr hattet Spaß beim durchlesen des Songwriting-Workshops und vor allem beim anhören der Hörbeispiel. Und ich hoffe noch vielmehr, dass ihr hier die eine oder die andere Anregung für das eigene Komponieren gefunden habt.

Bye, bye bis irgendwann einmal!

Bonusmaterial - Abstraktes Komponieren

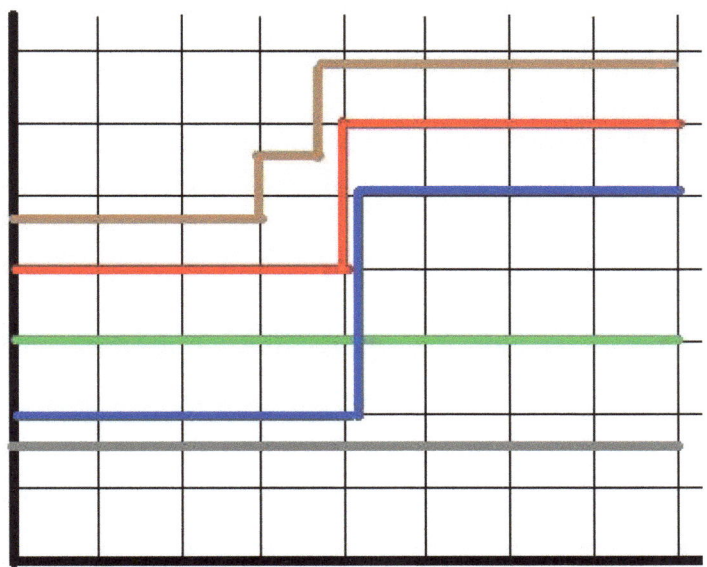

Stetig – Rhythmisch
Disharmonisch – Harmonisch
Klassisch – Synthetisch
Leise – Laut
Soft –Hard

Wenn man schon etwas Erfahrung hat im Komponieren, dann braucht man sich in einem ersten Schritt gar nicht so sehr ums Detail zu kümmern.

Stattdessen erarbeitet man sich einen groben Plan für den Song der einem vorschwebt.

So einen groben Plan stellt die obige Grafik dar.

Das Koordinatensystem bildet dabei in der waagerechten acht Takte ab und der senkrechten eine gedachte Ausprägung von wenig (unten) bis viel (oben).

In dieses Koordinatensystem kann man nun beliebige musikalische Parameter als Linien einzeichnen. Je höher im Koordinatensystem ein Parameter eingezeichnet wird, desto ausgeprägter ist er (selbstverständlich sollte man die Parameter passend wählen).

Für den Song in diesem Plan beispielsweise wäre in den ersten vier Takten die Musik mittelmäßig rhythmisch (rot), in den Takten fünf bis acht jedoch deutlich rhythmischer.

Die anderen Parameter sind entsprechend zu lesen.

Für weitere Takte (Songteile) erstellt man dann weitere Grafiken.

Natürlich sagt diese Methode wenig über einen konkreten Song aus, wenn man aber auf die schnelle eine Idee skizzieren möchte, dann funktioniert das auf diese Weise sehr gut.

Komponieren lernen –Songwriting

ganz ohne komplizierte Musiktheorie mit Praxisworkshop u. allen Hörbeispielen

Produktinformation

Taschenbuch: 128 Seiten

Verlag: Books on Demand

Sprache: Deutsch

ISBN: 978-38391-4687-3

Größe: 14,8 x 0,7 x 21 cm

Das Buch führt den Leser Schritt für Schritt zum komplett fertigen Song - vom Aussuchen des Rhythmus, über die Zusammenstellung der Harmonien, bis hin zum Komponieren der Melodie. Dabei wird auf komplizierte Musiktheorie völlig verzichtet. Damit der Leser dass was im Buch erklärt wird auch praktisch nachvollziehen kann, hat der Autor dem Buch einen Praxis-Workshop spendiert. Hier wird anhand von Hörbeispielen (auf der Homepage des Autors zu finden) und praxisorientierten Erläuterungen nach und nach eine kompletter Song fertig produziert. Weiterhin erfährt der Leser, wie er einen Songtext schreibt und den Song für Live-Darbietungen oder einer Aufnahme in einem Tonstudio arrangiert. Die gezeigte Methodik eignet sich sowohl für Rock- und Popsongs als auch andere populäre Stile. Auch die Vorbereitung und die eigentliche Arbeit in einem Tonstudio werden behandelt. Ein eigenes Kapitel bildet der Einsatz des Computers beim Komponieren und der Erstellung einer eigenen Musikhomepage. Letztlich erfährt der Leser wie er durch die Anwendung einer wissenschaftlichen Methode sicher feststellen kann, wie seine Songs beim Hörer ankommen. Das Ganze ist mehr als die Summe seiner Teile, weshalb die vielen behandelten Themen eine breite Wirkung entfalten.

Musikproduktion im Homestudio
Eine Einführung in Komponenten, Funktionen und Aufbau

Produktinformation

Taschenbuch: 120 Seiten

Verlag: Books on Demand

Sprache: Deutsch

ISBN: 978-37528-3417-8

Größe: 14,8 x 0,7 x 21 cm

Das Buch führt praxisorientiert in das Thema Musikproduktion ein. Dabei werden die verschiedenen Aspekte sowohl allgemein erläutert, als auch an konkreter Hard- und Software besprochen (die der Leser erschwinglich erwerben kann). Die Produktion von Musik wird in dem Buch aus der Sicht eines Musikers bzw. Künstlers erläutert, weshalb der Leser kein Studium der Technik absolviert haben muss um das Besprochene zu verstehen und anzuwenden. Der Autor vertritt im Buch eine heuristische Philosophie, d.h. dem Leser wird das Notwendige präsentiert (anstatt sich in Einzelheiten zu verlieren) - dafür kann er dann aber auch in kürzester Zeit seine ersten Songs produzieren.

Die Rockband – Organisation, Planung, Vermarktung
Selbstmanagement Strategien für Amateure und Semiprofis

Produktinformation
Taschenbuch: 88 Seiten
Verlag: Books On Demand
Sprache: Deutsch
ISBN: 978-37347-8161-2
Größe: 14,8 x 0,5 x 21 cm

Ziel des Buches ist eine Rockband (Semiprofis u. Amateure) von der Bandgründung bis hin zum Abschluss von Konzertverträgen zu führen. Dabei soll die Band speziell bei der Vermarktung nicht auf die Hilfe Dritter angewiesen sein. Das Buch führt dazu den Leser zuerst in die Teamarbeit in Theorie und Praxis ein, wozu Vorrausetzungen und Rahmenbedingungen geklärt werden und konkret das „Wie" für die Ausarbeitung von Aktions- und Terminplänen geklärt wird. Danach geht es um die Finanzplanung. Ein umfangreiches Konzept bringt die Übersicht über Anlage- und Geschäftskosten. Mit der Ermittlung des Break-Even-Points werden dann die Gewinnschwelle und das Risiko eines Rockprojekts errechnet. Unverzichtbar wird auch die Konzeption eines

Bandimages aufgezeigt. Wie dies geschieht wird in einem ganzen Kapitel bearbeitet und ebenfalls in einem Kapitel daraus abgeleitet die Erstellung werbe- und imagewirksamer Bandfotos. Letztlich werden dann die Möglichkeiten der Werbung und die damit verbundene Erschließung verschiedenster Musikmärkte bis hin zur Führung eines „Verkaufsgespräches" zum Abschluss eines Konzertvertrages erläutert. Das Buch schließt ab mit Informationen zur Wirkung der Band in Konzerten auf die Masse und dem daraus gewünschten Effekt der Steigerung des Bekanntheitsgrades.